Gewidmet all den mutigen Menschen,
die neugierig ihr Leben zu verlebendigen suchen.

EIKE RAPPMUND

IRRWEG INTUITION

Warum man nichts weiß und es trotzdem spüren kann

Ein Workbook zum Handbuch Manipulation

Reihe I: Grundlagen
Band A: Psychologische Effekte
Nummer: 3 (#8)

Copyright © 2014-2015 by E. Rappmund, Weinheim
Umschlaggestaltung: CoCo A. Achinger, Mallorca
Lektorat: Anti-Fehlerteufel, J. Querner, Pforzheim
Herausgeber: alea active GmbH
Bildquelle: © B. Senkowski/123RF.com

Verlag: GreatLife.Books, Weinheim
ISBN: 978-3-945952-00-9 (Taschenbuch)
ASIN: B00NUE3TLA (eBook)

Printed in Germany

WAS DICH ERWARTET

IRRWEG INTUITION   1

Auf ein Wort   2

GRUNDLAGEN   7

Intuition & Bauchgefühl –
eine Abgrenzung   8

Intuition verstehen lernen   12

Zusammengefasst   16

SYSTEMATISCH   17

Die Idee der zwei Systeme   18

System 1 –
die mächtige Unbekannte   22

System 2 –
der ohnmächtige Bekannte   26

Zusammengefasst   30

VORBEREITUNG   33

Eine passende Perspektive finden   34

FEHLLEISTUNGEN   39

Intuition auf Abwegen   40

Übersetzungsfehler   42

Vertrauensfehler   43

Mere-Exposure-Fehler   46

Ersetzungsfehler   48

HEURISTIKEN 51

Stimmungsheuristik 52

Affektheuristik[21] 54

Ankerheuristik 56

Verfügbarkeitsheuristik 61

Kombinationen 63

Zusammengefasst 65

KONZEPTE 67

im Flow! 68

Widerstand wandeln, Fokus öffnen 71

Humor ist,
wenn man über sich selbst lacht 72

Das Gegenteil denken 73

Als ob man hinter den Grenzen ... 74

Für möglich halten 76

Einfach mal anders 77

Zusammengefasst 80

AM RANDE BEMERKT 82

QUELLEN 86

ÜBER DAS PROJEKT 89

ÜBER *GreatLife.Books* 94

IRRWEG INTUITION

Oder wie man sicher in die Grube fällt

AUF EIN WORT

„Höre auf Dein Bauchgefühl!" klingt es manchmal in mir. Ich weiß nicht mehr genau, von wem ich dieses Konzept habe, aber manchmal höre ich es in mir klingen, diese sanft mahnende Stimme, die mich an dieses Konzept erinnert. Meistens dann, wenn ich mir einmal nicht ganz sicher bin, wie ich mich entscheiden will. Dann wird sie laut. Aber ganz ehrlich: Es ist doch auch zum Auswachsen. Zumindest manchmal. In einer Welt voller Möglichkeiten, spannender Menschen und Tage, die selten einander gleichen, prasseln so viele Entscheidungen auf einen ein, das kann schon ganz schön stressig werden. Das Ding mit dem Entscheiden. Laufend steht man vor der Wahl. Mal ist es Qual, mal ist es Genuss. So genussvoll sogar, dass ich es überhaupt nicht mitbekomme, wie und dass überhaupt ich mich entschieden habe. Es läuft ja schließlich. Doch dann gibt es auch Situationen, da ist es eher Qual. Wie soll man sich richtig entscheiden, für dies oder gegen jenes? Was ist das Passende, was gehört zu mir, in diesem Meer der Möglichkeiten? So viele Fürs und Widers, die da zu konkurrieren scheinen. Und dann höre ich sie wieder, die vertraute Stimme. Dann säuselt es in mir: „Vertraue Deiner Intuition!" Und das mache ich dann ja auch. Immer wieder. Ab und zu. Zumindest redlich bemüht. Sozusagen.

EINE EINFACHE RECHNUNG

Wenn ich in einem ruhigen Moment, wie zum Beispiel einem wie diesem jetzt, unter der noch glühenden Spätsommer-Sonne Spaniens, mit dieser erfrischenden Brise um der Nase, die immer wieder vom Meer freundlich herüber bläst, *meinen Blick zurückschweifen lasse und resümiere, was mir dieses Vertrauen in meine Intuition gebracht hat, zumindest dann, wenn ich auf sie bewusst gehört habe, dann ist die Rechnung doch ziemlich schnell gemacht:*

Es gab Situationen, da hatte ich ja sowas von einem guten Bauchgefühl, dass man schon den Eindruck gewinnen könnte, ich sei nur noch „Bauch auf Beinen". In diesen Momenten eine Entscheidung zu fällen, war einfach. Kritische Töne waren keine zu vernehmen. Zu mächtig war wohl der Chor, der da im Bauch als Oratorium erschallte. Und einfach war es, einfach sich in diesem Flow treiben zu lassen. Ohne große Anstrengung, und schon gar nicht von irgendeiner bewussten Entscheidung ausgebremst, plätscherte es dahin, mein Leben, das genussvoller kaum hätte sein können. Doch leider hielt dieses Treiben meist nicht an. Oft zeigte sich, dass man mit solch einem „dicken Ranzen" auch ganz schön hart auf dem Boden der Realität aufschlagen kann. Die Dinge entwickelten sich anders. Ganz anders und leider nicht immer vorteilhaft. „Scheiß Bauchgefühl!", dachte ich dann, „das müssen wir später mal ausdiskutieren ...!" Aber zuerst zog ich diese Linie auf der Strichliste meines imaginären „Soll-Kontos". Dem Konto, das für „Irrweg Intuition" steht.

Ok. Sicher. Es gibt auch anderer Erfahrungen. Erfahrungen, die einen im Nachhinein staunend aufhorchen lassen. Plötzlich wird man sich zum Beispiel gewahr, wie „Recht" man doch mit diesem oder jenem hatte. Wie recht es war, eine Entscheidung aufgrund solch eines intuitiven Impulses zu treffen. Obwohl weder alle nötigen Informationen für eine klare, bewusste und überlegte Entscheidungsfindung vorhanden waren noch irgendetwas für dieses „Ja" zu einer bestimmten Sache, Person oder Handlung wirklich logisch erschien, hatte man sich entschieden. Und zwar richtig. Richtig im Sinne der

Auswirkung dieser Entscheidung. Einer vorteilhaften natürlich. Einer Wirkung, die sich positiv und erfolgreichen auf das eigene Leben und Erleben ausgedehnt hatte. Wenn einem das im Rückblick plötzlich bewusst wird, dann kann man getrost derlei Erfahrungen auf das „Positiv-Konto" der besagten Strichliste verbuchen. Diesen intuitiven Entscheidungskompetenzen deshalb aber plötzlich mehr zu vertrauen, ganz gleich wie faszinierend man sich selbst erlebt haben mag, ist eine Tendenz, der ich trotz allem nur schwer folgen kann. Immerhin ist die Abschlussrechnung ja noch offen.

Also, machen wir das mal. Ich zähle also beide Seiten einfach und nüchtern zusammen, um herauszufinden, wie effizient meine unbewussten Intuitionen waren oder ob vielleicht doch meine klaren Entscheidungen die Nase vorn haben. Ich will es nicht lange spannend machen, dafür ist ja später noch die Zeit und Möglichkeit, das Ergebnis dieser einfachen Additionen ist eindeutig: Gleichstand! Unentschieden. Fifty-Fifty eben. Zu wenig überzeugend, mich zukünftig nur noch blind auf mein sogenanntes Bauchgefühl zu verlassen. Aber doch auch zu faszinierend, um mir eine Brille mit Horngestell zu kaufen und zum „Nerd" zu werden. Eines aber ist sicher, diesem inflationären Trend von blinder Intuitionshörigkeit, ganz gleich wohin man auch schaut, werde ich nicht erliegen. Das ist mir zu platt und führt nicht besonders weit. Das führt höchstens wieder zu einem dieser Tänze, bei dem man sich nur in schwindelerregendem Tempo um sich selbst dreht. Wie ein Derwisch vielleicht. Oder wie eine Zentrifuge. Nur dass man bei dieser wohl lange nach der Essenz suchen müsste. Zu einem Mehr an Autonomie, also zu einem Mehr an selbstgestalteter und unabhängiger Lebenswirklichkeit, führt das sicher nicht und damit auch nicht zu einem Mehr an gewünschten Erfolgen bei Entscheidungsfragen.

Warum nicht? Das will ich im Folgenden differenzierter „aufbröseln". Nicht dass Du[1] mich falsch verstehst, ich bin kein Gegner der Intuition – das wäre auch völliger Quatsch. Ich schließe auch nicht einfach von meinen Erfahrungen auf eine Regel, die dann besagt: „Intuition braucht man nicht!". Ich plädiere für etwas ganz anderes. Ich mache mich dafür stark, einen klaren, bewussten und reflektierten Umgang mit der eigenen Intuition zu kultivieren. Nur dann, so glaube ich, haben wir eine Chance, das doch meist sehr ausgewogene Verhältnis von Erfolg und Misserfolg zu einer überzeugenden, neuen Kompetenz weiterzuentwickeln. Eine Ausrichtung, die keiner verklärenden, verzerrenden oder Realität mit aller Gewalt beugenden Energie bedarf, sondern schlicht auf Kompetenz beruht. Auf einer Kompetenz, aus der heraus wir es vermögen, mit uns „Wunder Mensch" zielführend, selbstbestimmt und eigenverantwortlich umzugehen. Dann wird aus einem Irrweg ein Zieleinlauf und wir sind raus aus einer Eigenrotation, die nur zum Schwindel führt.

INTUITION UND MANIPULATION

Ganz so undifferenziert kann man das eigentlich nicht stehen lassen. Das wirst Du sicherlich bemerkt haben. Aber dazu ist ja jetzt genügend Raum. Ich möchte Dich dazu überreden, Deinen Blick zu versenken, zu weiten und mit mir neugierig und offen Dich überraschen zu lassen, wohin einen diese Reise führen wird. Die Richtung und Meilensteine, die wir ablaufen werden, haben wir vor allem der Hirnforschung und der psychologischen Forschung zu verdanken. Viele kluge und kreative Köpfe haben in den vergangenen zwanzig Jahren eine Menge an Zeit und Engagement investiert, um Antworten auf die Geheimnisse menschlicher Lebensführung zu finden. Und das mit Erfolg.

Auf diese Antworten sollten wir unbedingt hören. Machen sie doch viel Neues klar und lassen Altbekanntes in einem ganz anderen Licht erscheinen. Die mächtigste Manipulationsmaschine, die wir so kennenlernen und von ihr lernen können, liegt somit nicht irgendwo vor unserer Nase, sondern tragen wir alle auf unserem Hals. Nichts nimmt derart viel Einfluss und manipuliert uns so erfolgreich, wie unser eigenes Gehirn. Doch auch umgekehrt. Genauso mächtig, wie unsere unbewussten Entscheidungsrituale uns auf diese oder jene Spur setzen, lässt sich auch dieser Hochleistungsrechner in die Irre führen. Viele Ergebnisse, die er nach kurzer Prüfung und fauler Bearbeitung ausspuckt, könnte man höchstens noch liebevoll als „kreativ" bezeichnen. Richtig ist definitiv etwas anderes. Doch ausbaden müssen am Ende ja nur wir es. Also die andere Seite unseres Ichs. Man könnte diese vielleicht das „eher bewusste Ich" nennen oder schlicht das „System 2".

Manipulieren und manipuliert werden sind für unser Gehirn keine unterschiedlichen Dinge. Es sind schlicht zwei Seiten ein und derselben Medaille. Lernen und verstehen wir, wie unser Gehirn arbeitet, dann entwickeln wir nicht nur unsere Möglichkeiten, mit der Einflussnahme von außen selbstbewusst umzugehen, sondern trainieren auch gleichzeitig unsere Fähigkeiten, aktiv und bewusst unseren Einfluss auf andere oder anderes zu steuern. Das ist ein Autonomiekonzept, das ich gerne entwickle. Mehr von diesen Konzepten findest Du dann im dritten Teil.

Aber lass uns nun loslegen ...

GRUNDLAGEN

Über was wir reden

INTUITION & BAUCHGEFÜHL – EINE ABGRENZUNG

Intuition und Bauchgefühl werden gerne als Synonyme füreinander verwendet. In meiner kleinen Einleitung habe ich mir auch nicht die Mühe gemacht, diese auseinanderzuhalten. Sachlich korrekt ist das aber nicht. Man müsste das differenzierter sehen und sagen, dass sich die Intuition unter anderem auch über das sogenannte Bauchgefühl auszudrücken vermag. Genauso aber auch über die innere Stimme. Oder über einen „Geistesblitz" oder die „innere Stimme" oder eben über alle anderen, möglichen Kanäle sinnlicher Wahrnehmung, die uns Menschen so zur Verfügung stehen. Manchmal fragt die Intuition uns auch gar nicht bzw. gibt uns überhaupt keine Chance, sie wahrzunehmen. Dann lässt sie uns zum Beispiel einen riesigen Satz zur Seite machen. In Sicherheit und raus aus der Fahrspur, in der uns einen Moment später der Bus überrollt hätte.

Intuition und Bauchgefühl ist nicht das Gleiche. Ganz im Gegenteil. Wir sollten uns merken: Das eine ist der Impuls, das andere sein wahrnehmbarer Ausdruck – irgendwie so müsste man das wohl sagen. Einigen wir uns also darauf, dass ich im Folgenden immer dann von Intuition spreche, wenn ich unser inneres, unbewusstes „Reiz-Reaktions-Verarbeitungs-Ritual" meine, das scheinbar Dinge zu wissen scheint, die wir mit unserem Verstand nicht hätten ergreifen können (und schon gar nicht so schnell), und immer dann von Bauchgefühl, wenn ich den Ausdruck dieses Prozesses als sinnlich wahrnehmbaren Eindruck verstehe.

INTUITION – EINE DEFINITION

Also, wenn Intuition nicht nur ein Gefühl im Bauch ist, was ist sie denn dann genau? Das Wort „Intuition" selbst stammt aus dem Latein. Von: *„in-tueor".* Das heißt übersetzt so viel wie: „hinschauen", „ansehen", „betrachten". Aber auch im Sinne von: „etwas in Betracht ziehen" bzw. „etwas erwägen". Unter diesem inneren „begaffen"[2] versteht der Duden einen Prozess des *„unmittelbaren, nicht reflexiven und nicht diskursiven Erkennens"* (Wahrnehmens). Also Informationen, die man ohne den Einsatz des bewussten, kritischen Verstandes irgendwie wahrgenommen hat. Mehr nicht.

So weit, so gut.

Doch schauen wir mal in unsere Alltagswirklichkeit. Hier begegnet uns die Intuition leider etwas anders. Nicht mehr ganz so brav definiert, wie es der Duden noch vermag. Viel verzerrter. Viel erhabener, als nur solch ein schlichter Wahrnehmungsprozess es meint. In Büchern, Workshops und Seminaren, egal ob zur Persönlichkeitsentwicklung, aus der Esoterik-Szene oder in Management-Seminaren wird die Intuition einem nahezu ausschließlich vorgestellt als eine Art „innere Weisheit". Kein bewusst gefasster Gedanke, kein winziges Stück Logik oder noch so angestrengt genutzter Verstand scheinen es mit der Intuition aufnehmen zu können. „Intuitiv" zu werden (wenn man es denn bisher verschlafen hat zu sein), scheint ein Maß für viele Dinge zu sein. Mehr auf seinen Bauch hören, seine Intuition schulen oder der inneren Stimme folgen, scheint heute vor allem zu meinen, allerlei spontane Impulse wahrnehmen zu lernen und diesen dann blind zu vertrauen. Es scheint völlig egal, wie diese Impulse entstanden, woher sie überhaupt kommen und ob es auch erlaubt wäre, sie kritisch zu hinterfragen. Intuition ist nicht einfach nur ein Stück wahrnehmbare Information, die unsere gängige Alltagswirklichkeit bereichert, sondern scheint eher schon zum „Non-Plus-Ultra" sich entwickelt zu haben, dem man nicht zu widersprechen hat.

Jan Becker[3], ein wirklich charismatischer Künstler, Autor und Hypnotherapeut beschreibt in seinem Buch: *„Das Geheimnis der Intuition: Wie man spürt, was man nicht wissen kann"* einfach einmal pauschal alles (und daher leider auch ziemlich einseitig) als Intuition. Zumindest alles, was nicht durch einen klaren, bewussten Gedanken hervorgebracht wurde. Ob das die Vorahnung einer nahenden Springflut ist, die optimale Wahl der Nahrung, kreative Höhenflüge, die Entscheidung, einem heranrasenden Schneepflug (im Affekt) aus dem Weg zu springen, oder schlussendlich das Gefühl, ob man sein Gegenüber sympathisch findet oder nicht. Ganz gleich um was es geht, alles, was nicht willentlich und bewusst irgendwie geschah, ist erst einmal intuitiv.

Sachlich falsch ist das nicht. Doch auch keine wirklich hilfreiche Definition, wie ich finde, zumal Jan Becker den willigen Leser dazu ermuntert, unreflektiert dieser Intuition blind zu vertrauen. Es braucht mehr Trennschärfe. Vielleicht braucht es auch erst einmal mehr Lust und Neugier darauf, nicht nur das Intuitive wahrnehmen zu lernen, sondern auch verstehen zu wollen, woher diese Impulse kommen und wie sie entstehen. Wenn wir beginnen zu verstehen, wie diese unbewussten Verhaltens- und Entscheidungsvorschläge einmal entstanden, wie sie irgendwo in den Untiefen unseres Gehirns zusammengestrickt wurden, um schlussendlich zur Orientierung unserer willentlichen und bewussten Ausrichtung zu werden, dann entsteht auch eine Perspektive, die wieder mehr in die Richtung zielt, selbstbestimmter Herr im eigenen Königreich zu werden. Eine Definition ist das auch nicht, aber eine Richtung, der sich eher lohnt zu folgen, wenn man nicht im Sumpf der intuitiven Beliebigkeit versinken will.

INTUITION VERSTEHEN LERNEN

Um zielführend und selbstbestimmt mit den eigenen, intuitiven Impulsen umgehen zu lernen, brauchen wir Hilfe. Zu irreführend und vielschichtig sind diese Impulse, dass es uns einfach möglich wäre, klar zu unterscheiden, was besser in die Tonne gehört und was davon ein wahrer Schatz ist. Dass man diese Unterscheidung aber dringend treffen muss, das wird jeder selbst bestätigen können, wenn man seine eigene Rechnung einmal aufstellt.

Zum Glück gibt es diese Hilfen auch. Man findet sie allerdings nicht bei esoterischen Medien, bei seinem Lieblingstherapeuten oder in einem Wahrnehmungstraining für angehende „Hypnosefachwirte". Hilfe, um die Sprache der Intuition wirklich zu erlernen, finden wir bei Kognitionsforschern, den Psychologen, Hirnforschern oder bei Sozialpsychologen. Diese können uns eine Menge über den Ursprung, die Eigenheiten und den Charakter intuitiver Impulse beibringen. Nur leider scheinen diese Forscher zu einer Berufsgruppe zu gehören, um die man lieber einen Bogen macht. Zu komplex, zu schwierig, zu verschlungen vermutet man die Pfade, dass es leicht möglich wäre, ihre Antworten in das eigene Erleben zu übersetzen. Da ist es natürlich viel leichter, auf ein bisschen Mystik auszuweichen oder sich Erklärungskonzepte zu töpfern, die leichter zugänglich scheinen. Zu befriedigen wissen uns diese alternativen Modelle allemal. Zumindest erst einmal. Nur ob sie uns auch wirklich voranbringen? Ob sie uns selbstbestimmter und autonomer werden lassen? Ob wir auf diese Art wirklich wieder Herr in unserem eigenen kleinen Königreich werden? Oder fortan eher einer ganz neuen Unbekannten dienen? Vielleicht sollte man ab und an einmal genauer danach schauen, welche Auswirkungen derlei Konzepte auf das eigene Leben haben. Das will ich an dieser Stelle hier aber nicht tun. Dich aber dazu einladen, all die Ideen, die ich Dir hier im Folgenden vorstelle, ebenso kritisch auf ihre Wirkung auf Dein Leben zu prüfen, das will ich auf jeden Fall. Auch die Ergebnisse der wissenschaftlichen Forschung sind nicht „die Wahrheit"! Aber womöglich haben sie mehr Möglichkeiten, als eine Wahrheit zu wirken, die zu einem Mehr an selbstbestimmtem Leben führt.

Leider ist für uns Menschen es ganz natürlich, uns stets den leichtesten Weg zu suchen. Unser Gehirn funktioniert nun einmal so. Anders gesagt: Wir können gar nicht anders, als stets nach Abkürzungen zu suchen. Da scheint es manchmal sinnvoll, wenn uns etwas den Weg zu versperren scheint. Wenn plötzlich etwas in unserem Leben geschieht, das uns wachrüttelt, das uns erschreckt, das uns zum Überlegen bringt, und wir von selbst beginnen, mutig einen Schritt in eine andere, womöglich neue Richtung zu gehen. Solche Momente gibt es. Eine ganze Menge. Da sind die kleineren und größeren Katastrophen, die sich in einem Leben ereignen. Da sind unsere Partner, die gerne einmal den Finger in die Wunde legen. Da sind unsere Wünsche und Sehnsüchte, denen wir erfolglos hinterherhetzen. Irgendwann beginnen wir schon, einmal etwas anderes zu tun. Möglichkeiten zum Umdenken bietet unser Leben in großer Fülle.

So eine Möglichkeit zum Umdenken bot sich mir vor einiger Zeit. Das war auch der Wendepunkt, ab dem ich mich für die Künste unserer Forscher, Denker und Wissenschaftler deutlich mehr zu interessieren begann. Aber zu denen komme ich gleich. An diesem Punkt wurde mir plötzlich klar, dass ich die meiste Zeit in meinem Leben damit beschäftigt war, reaktiv irgendwelchen nicht klärbaren Situationen hinterherzurennen. Ich erschuf Bedeutungen und Erklärungsmodelle, die alles hatten, nur nichts mit einer Realität zu tun, in der außer meinen

Modellen der Wirklichkeit auch noch irgendetwas anderes Platz hatte. Umso mehr ich mir also die Welt und das Verhalten der Anderen erklärte, um mein eigenes Bauchgefühl endlich in den Griff zu bekommen, desto komplizierter und komplexer schien mein Leben dummerweise zu werden. Irgendetwas schien etwas ganz offensichtlich falsch zu laufen. Der Weg, über Wahrnehmen, Wissen und Verstehen vorzugehen, schien mir aber definitiv der richtige. Nur die Perspektive schien falsch. Statt im Außen, bei meinem Gegenüber oder in den Systemen, in denen ich lebte, die Ursache für mein Bauchgefühl zu suchen, fing ich an, mich selbst in diesem wechselwirkenden Spiel als entscheidende Größe wahrzunehmen. Nicht das Andere, das Du oder die Situation war nun mehr der Grund für mein Erleben, sondern meine eigene Art und Weise, wie ich es gewohnt war, auf diese Reize zu reagieren, wurde zum Mittelpunkt meiner Betrachtung. Mir war klar, dass einzig und alleine ich selbst die Verantwortung dafür trug, wie ich auf etwas reagierte, welche Bedeutung ich dem gab und welchen Platz ich dem in meinem Leben zuwies. Mir fiel auf, dass – weil es immer einen anderen und manchmal sogar auch einen besseren Weg gab – es demnach auch immer eine Wahl geben musste. Aus welchen Gründen ich mich aber mal dafür und mal hierfür entschied, blieb mir schleierhaft. Nur die Tendenz meiner mir unbewussten, intuitiven Entscheidungsrituale, sich stets für eher leidvolle Wege entscheiden zu wollen, ging mir mit der Zeit ziemlich auf die Nerven. Das war eine Zeit, in der mein Bauchgefühl mir ein großer Lehrmeister wurde. Im Bestreben, es loszuwerden, lernte ich es besser kennen, als ich es mir jemals hätte vorstellen können. Fernab irgendwelcher raffinierten, therapeutischen Methodik begann ich plötzlich grundsätzlich zu verstehen, wie und mit welchen Bausteinen ich meine Realität zusammenzimmerte. Ohne es wirklich bemerkt zu haben, näherte ich mich damit wieder dem, was Intuition eigentlich bedeutet: neugierig und offen betrachten, was da wie und warum in einem werkelt.

Genau dazu möchte ich Dich im Folgenden auch begeistern: Neugierig wahrzunehmen, wie der eine oder andere Impuls in Dir entsteht; mitzuverfolgen, wie er sich in Dir breit macht und Deine Meinung, Entscheidung und Überzeugung manipuliert; mit einem Schmunzeln in den Augen bemerken, wie Deine Abwehr darum kämpft, nicht wissentlich in ein nächstes Fettnäpfchen zu springen; und schlussendlich leicht und fröhlich zu lernen, mit sich besser, zufriedener und selbstbestimmter umzugehen.

Das ist meine Definition von Intuition, die ich Dir hier vorweg als Arbeitsversion anbieten möchte: Ein unglaublich spannender Erlebnisraum, der zu nichts anderem da zu sein scheint, um sein Leben Stück um Stück in Fülle zu entfalten.

ZUSAMMENGEFASST

(1.) Intuition beschreibt vom Wortsinne her eigentlich einen Prozess des „absichtslosen Betrachtens" (innerer Impulse).

(2.) Das Wort selbst sagt noch nichts darüber aus, wo Intuition denn nun eigentlich herkommt, wie die Qualität der Inhalte zu bewerten ist, geschweige denn, ob Intuition nun besser, schlechter oder gleichwertig mit dem Verstand ist oder nicht.

(3.) Intuition kann sich auf vielen verschiedenen Ebenen ausdrücken und bemerkbar machen. Ob wir das bewusst mitbekommen oder nicht, ist eine ganz andere Frage. Am populärsten scheint sich die Intuition über das Bauchgefühl auszudrücken. Bauchgefühl und Intuition werden daher gerne miteinander verwechselt. Das führt aber nicht weiter. Wir sollten differenzieren und festhalten: Das eine ist der Impuls, das andere das sinnlich (und bewusst) als Gefühl (im Bauch) Wahrnehmbare.

(4.) Ob ein Intuitiver Impuls nun „mehr" weiß als eine mit dem Verstand bewusst errungene Erkenntnis, ist zu diesem Zeitpunkt noch nicht geklärt.

(5.) Da aber diese intuitiven, unbewussten Impulse immer stärker, schneller und effizienter sind als willentliche, mit dem Verstand herbeigeführte Betrachtungen, können hier und da kleine Überraschungen dabei helfen, nicht sofort wieder auf „Automatik" zu schalten. Sei also auf der Hut!

(6.) Meine Arbeitsversion einer Definition von Intuition: Ein spannender Erlebnisraum, der Dir dabei hilft, Dein Leben in Fülle zu entfalten.

SYSTEMATISCH

Ein bisschen Theorie zu Beginn

DIE IDEE DER ZWEI SYSTEME

In der Forschung hat es sich mittlerweile eingespielt, über zwei Systeme zu sprechen. Man hat sich verabschiedet von dem undifferenzierten „Unbewusst" und „Bewusst". Heute unterscheidet man in „System 1" und „System 2" oder neuerdings nur noch in „Typ 1" und „Typ 2". Die Entwicklung des Konzepts dieser beiden Systeme bringt einige Vorteile. Zum einen hilft uns diese Unterscheidung, die Funktionsrituale unseres Gehirns, die sich da in uns abspielen und unsere intuitiven Entscheidungen bahnen, leichter zu verstehen. Zum anderen macht diese Unterscheidung es überhaupt erst möglich, die Wechselwirkungen zwischen diesen beiden Systemen wahrnehmen zu können und damit jedes für sich besser verstehen zu lernen. Das Konzept von Ursache und Wirkung hat damit auch in der psychologischen Forschung einer systemischen, wechselwirkenden Betrachtung Platz gemacht. Vor allem aber ist es nun möglich geworden, viel einfacher zu verstehen, wie und anhand welcher Prozesse unsere inneren Systeme Entscheidungen fällen, ohne dabei einen langen Umweg über mehr oder weniger willkürliche Bedeutungszuschreibungen machen zu müssen.

An einem Beispiel: Nehmen wir an, wir geraten in einen kleinen, abendlichen Disput mit unserem Partner. Vielleicht geht es darum, dass man schon wieder vergessen hat, seinen Anteil an der Hausarbeit zur Zufriedenheit des Anderen abzuarbeiten. Wir fühlen uns nicht sonderlich gut bei diesem Disput. Ein mächtiger Mix aus unterschiedlichen Gefühlen macht sich breit. Spontan entscheiden wir uns für eine ganz tolle Strategie: Da es uns leichtfällt aufzuzählen, was wir alles am heutigen Tag in das gemeinsame Beziehungsidyll eingebracht haben, verkünden wir das nun auch lauthals. Ganz intuitiv wissen wir also, wie man diesem Gefühl Herr werden kann. Wir müssen nur eine Unmenge an Beispielen auflisten, was wir so alles getan haben, dann wird sich der Andere schon besinnen und voller Dank und Einsicht einlenken und uns liebevoll wieder als Held des häuslichen Königreichs akzeptieren.

Wir alle wissen, dass sich diese Geschichte leider nur selten in dieser Art abspielen wird. Anders gesagt: Unsere intuitive Deeskalationsstrategie geht also nur selten auf. Jetzt könnten wir anfangen, diesen Disput zu analysieren. Nach alter Schule kämen wir nun auf so Dinge wie: Unerfüllte Bedürfnisse, den Wunsch des Gesehenwerdens, vielleicht auf Gleichberechtigung, auf Respekt, auf die Art der Kommunikation oder darauf, dass man schon in der Kindheit sich nie wirklich verstanden gefühlt hat. So kann man auf viele, mehr oder weniger dramatische Dinge kommen, die am Ende vor allem eines bewirken, dem Disput unterschiedliche Bedeutungen zu geben.

Sicher, dieser Weg der Bedeutungsgebung kann, vor allem dann, wenn er therapeutisch geführt wird, die Wirkung entfalten, dass man sich plötzlich wieder verständnisvoll in die Arme nimmt. Er kann aber auch zur Eskalation führen (vor allem dann, wenn niemand ihn führt – was ja eher der Regel entsprechen dürfte). Egal wohin er führt, wieso man sich überhaupt dafür entschieden hat, erst einmal in Abwehr zu gehen (fernab irgendwelcher Begründungen und Bedeutungsgebungen), ist damit noch lange nicht klar.

Jetzt kommt die Idee der zwei Systeme. Mit diesem Konzept kommt nun die Möglichkeit, wahrzunehmen und zu verstehen, dass es überhaupt einen ersten, intuitiven Impuls gab und dieser eine bestimmte Entscheidungsrichtung vorbahnte. Wüsste man jetzt noch, dass die eigene Deeskalationsstrategie aus der Perspektive dieser Systeme so etwas darstellt wie eine

Abkürzung, könnten sich rasch eine ganze Menge weiterer Optionen zur Wahl anbieten. Optionen, von denen dann nur noch eine wäre, zu glauben, dass man seinen Standpunkt verteidigen müsse, ganz egal, was es kostet. Vielleicht deshalb, weil wir uns über Jahre darauf trainiert haben. Oder deshalb, weil unser Gehirn meint, dass diese Strategie eine effiziente Variante sei, Unlust zu vermeiden. Warum auch immer (dazu komme ich gleich), einige Dutzend andere Entscheidungsoptionen bleiben in den meisten Fällen ungenutzt. Auch wenn diese es vielleicht gar nicht erst zu einem Disput hätten kommen lassen. Auf alten, bedeutungsschweren Erklärungspfaden wandeln scheint oft schlicht der einfachere Weg – so absurd das auch klingen mag.

An diesem kleinen, inszenierten Beispiel möchte ich verdeutlichen, dass ohne diese Systemunterscheidung man ganz einfach erklären würde (und damit den kürzesten aller möglichen Wege wählen), dass mit dem Vorwurf des Partners man schließlich gar nicht anders konnte, als sich zu verteidigen. Oder man würde sonst irgendeine Erklärung finden, um irgendwie den intuitiven Impuls zu rechtfertigen, der einen zu Beginn auf diese Fährte lockte.

Mit der Einführung des Konzepts der zwei Systeme können wir nun mehr. Wir können über den Tellerrand unserer mehr oder weniger willkürlich getroffenen Erklärungsmodelle hinausblicken. Wir können zum Beispiel beschreiben, dass der Vorwurf des Partners zu etwas wie einem Signalreiz für System 1 geworden ist. Dass dieses daraufhin ansprang und uns (aus irgendwelchen Gründen, zu denen wir später noch kommen) in Windeseile ein entsprechendes Verhaltensangebot diktierte. In dem Moment, in dem wir nun lospoltern, könnte mit ein bisschen Übung nun aber auch System 2 sich klärend einmischen, anstatt seinem Selbstbestätigungszwang zu erliegen. Dieses könnte dann das Angebot von System 1 betrachten und neu bewerten. Mit der Neubewertung würden sich dann auch neue Entscheidungswege auftun, mit dem Ergebnis, dem Disput ausweichen zu können, wenn man denn will. Muss man aber auch nicht. Ganz gleich wie, eine Wahl ist entstanden. Eine Wahl, die nicht zwischen verschiedenen Bedeutungen zu entscheiden hat, sondern eine, die frei ist, überhaupt mit Bedeutungen zu hantieren. Schlussendlich lacht man womöglich einfach über sich selbst und schmunzelt darüber, nach welchen (alten) Mustern man versucht, seine Bedürfnisse befriedigt zu bekommen. Die Wirkung dieser Wahlfreiheit wird sich aber immer als ein Gefühl entfalten, autonom und selbstbestimmt zu sein. Und das nennen wir auch gerne Freiheit. Zumindest entspannt es einen und lässt Leben sich entfalten.

Wie Du siehst, müssen intuitive Strategien nicht immer die besten sein. Auch wenn sie zu 98 Prozent am Tag einen hervorragenden Dienst leisten. Doch wenn es darauf ankommt, lohnt es sich vielleicht, doch nochmal einen Moment innezuhalten, um genau zu schauen, was da gerade wie in einem passiert. Sonst wedelt womöglich ausschließlich der Schwanz der Intuition mit dem Hund unseres Verstandes.

So viel einmal grundsätzlich vorweg zu dem Konzept der zwei Systeme. Schauen wir uns jetzt genauer an, wie diese beiden Systeme sich definieren, für was sie sich verantwortlich zeichnen und wie sie arbeiten und wirken[4].

SYSTEM 1 –
DIE MÄCHTIGE UNBEKANNTE

Wusstest Du,
dass das das Gehirn für Dich entscheidet,
was wichtig ist und was nicht? So wie zum
Beispiel das dritte ‚das' im ersten Satz?
Pass auf, nihct das es Dir ncoh anedre
Steirche spielt!!

www.handbuch-manipulation.de

schönes Wochenende Euch
Euer Eike

Ganz einfach gesagt, wird mit „System 1" die Welt unserer unbewussten Verarbeitungsrituale beschrieben. Das ist definitiv die ältere Welt in uns. Sie ist auch der Quell all dieser Impulse, die stärker, schneller und effizienter sind als dies je ein bewusster Gedanke sein könnte. Die Qualität dieser Impulse ist bestechend. Sie sind überzeugend, manipulativ und nehmen derart stark auf uns Einfluss, dass es einem schon gar nicht mehr auffällt. Dieses System entscheidet einfach, was für uns wichtig ist oder nicht. Nur manchmal, wenn es scheint, dass die eine oder andere Information noch fehlt, dann fragt es nach. Es beauftragt „System 2" sozusagen damit, die fehlenden Bausteine zu besorgen. Nicht aber, um sich dann tatsächlich von der Spur abbringen zu lassen. Nein, einfach nur dafür, den bereits einmal getroffenen Standpunkt zu festigen. Und was da nicht passen sollte, wird einfach passend gemacht. Zu sensibel achtet es dafür auf unser inneres Gleichgewicht, die sogenannte Homöostase, als dass es dazu bereit wäre, einfach so mal eine Menge Energie darin zu investieren, gegebenenfalls so etwas Absurdes wie einen neuen Standpunkt finden zu müssen.

MENTAL-DOLLAR

In der Ökobilanz von System 1 wird alles auf eine mentale Währung umgerechnet. Und diese Bilanz muss stimmen. Zu viel Energie darf nicht verbraucht werden. Das könnte unser Überleben gefährden und würde zudem viel zu lange dauern. Der Psychologe Roy Baumeister und seine Kollegen haben in einer Reihe von spannenden Experimenten diese Metapher auch bestätigt. Die überraschendste Entdeckung dieser Forschergruppe war, dass es so etwas wie „Mental-Energie" tatsächlich gibt. In der Welt unseres Nervensystems heißt sie nur anders. Hier nennt man sie „Glukose". Nun verbraucht dieses System aber derart viel Glukose, wie es die meisten anderen Körperteile zusammen nicht schaffen sie zu verdampfen. Und sich anstrengende Gedanken machen, bewusst das eine oder andere reflektieren, scheint in dieser Währung ein teuer zu bezahlendes Gut zu sein.

Du kannst das gerne ausprobieren. Du musst Dich dazu nur kognitiv auslasten. Dann könnte man messen, wie Dein Blutzuckerspiegel rapide in den Keller rauscht. Und so eine Auslastung erreicht man am einfachsten, wenn man sich zu einer Handlung zwingen muss. Das lässt sich nun leicht ausprobieren, das mit dem Blutzucker messen, wird den meisten wohl spontan eher schwerer fallen. Doch wenn Du kurz Lust hast, einen Zustand der sogenannten „Ego-Depletion" (*Selbsterschöpfung*) zu provozieren, dann tue einfach Folgendes: Versuche Deine emotionalen Reaktionen, zum Beispiel auf einen aufwühlenden Film, bewusst zu verhindern. Oder nimm Dir vor, Deine Schwiegereltern gleich nachher zu beeindrucken. Oder versuche bei nächster Gelegenheit lieb und freundlich zu Deinem Partner zu sein, wenn er Dich anblafft. Oder ganz einfach, denke auf die Schnelle jetzt nicht an diesen doofen rosaroten Elefanten, an ein neongrünes Kaninchen und einen hellblauen Dobermann, wie sie dort zusammen an der Bar sitzen und Milch aus einem Rotweinglas trinken.

Du sollst versuchen, nicht(!) daran zu denken. Das war die Aufgabe. Nicht einfach sich mit Deinen inneren Bildern wegtreiben lassen. Versuche es doch gleich noch einmal. Lese die Beschreibung dieses tierischen Gipfeltreffens doch noch einmal und versuche bewusst zu verhindern, dass sich auf der Leinwand Deines inneren Kinos diese Bilder abzuzeichnen beginnen. Du wirst merken, wie schnell Dich das erschöpft. Wie fast unmöglich das ist. Bevor man sich versieht, hat Dein System 1 die Hauptakteure schon in diese Lokalität verortet, hat sie in Beziehung zueinander gesetzt und begonnen, das Drehbuch zu schreiben. Noch bevor es Dir bewusst werden konnte, hat sich so die Geschichte schon zu entfalten begonnen. Dein System 1 sucht Antworten auf die Fragen, was diese drei da überhaupt machen, wie sie dorthin gekommen sind, wieso die Milch in Rotweingläsern serviert wird, entwickelt womöglich einen stürmischen Dialog zwischen den drei und vieles mehr.

CHARAKTERZÜGE

Wenn Du das bemerkst, so oder so ähnlich, dann erlebst Du gerade Dein System 1 voll in Action. Das ist genau das, was es kann. Geschichten erzählen. Geschichten, die Vergangenes, Aktuelles und ein Schwung Variationen für Zukünftiges zu einem reißerischen Storyboard zusammenknüpfen. Damit stellen sich Dir die ersten, wesentlichen Merkmale von System 1 gerade vor. System 1 arbeitet automatisch, schnell, weitgehend mühelos und vor allem ohne willentliche Steuerung. Würdest Du plötzlich ein Geräusch hören, wäre es System 1, das Dich spontan zur Quelle der Störung umdrehen ließ. Es würde Dich auch aufhorchen lassen, wenn Dir etwas Feindseliges in der Stimme Deines

Gesprächspartners entgegenzischt. Es befähigt Dich aber auch, folgenden Satz zu vervollständigen: „Red Bull verleiht ...!" Und lässt Dich eine „introvertierte Person, die ordentlich ist und Fakten und Zahlen liebt" ruck-zuck einem beruflichen Stereotyp zuordnen (nein, es sind nicht die Friedhofsgärtner gesucht). System 1 bastelt Dir, mit ein bisschen Übung, rasch aus ein paar Wiederholungen eine knackige, automatische Routine. Es ist System 1, das mühelos Dir die Hauptstadt von Deutschland oder Frankreich ins Ohr flüstert und stets darauf bedacht ist, Dich vor Verlusten zu bewahren.

Die meisten dieser Prozesse laufen dabei weitgehend unwillkürlich. Es ist, wie Du gerade beim rosaroten Elefanten gesehen hast, oder bei der kleinen Rechenaufgabe jetzt hier: 2+2= ?, Dir schlicht unmöglich, die Aufgabe nicht zu lösen, den Elefanten nicht zu sehen oder einfach ein Wort nicht zu lesen, wenn es Dir in Deiner Sprache vor die Nase flattert. Das ist eben genau das, wenn ich Dir das Schlagwort Frankreich anbiete und Du nun willenlos zuschauen musst, wie Dein System 1 nun beginnt, Dich mit Assoziationen von Paris beginnend, über Pariser, den Eifelturm, Croissants und Rotwein zuzuschütten.

Man kann also festhalten, dass Dein System 1 laufend und nahezu ohne Unterbrechung dabei ist, Vorschläge für Dein System 2 zu generieren. Eindrücke, Intuitionen, Absichten und Gefühle werden dabei von System 2 in dem meisten Fällen still und schweigend abgenickt. Es ist schlicht zu anstrengend, dauernd und jeden Impuls, das System 1 liefert, willentlich gegenzuprüfen. So entstehen am Ende optimierte Verarbeitungsprozesse wie Überzeugungen, Glaubenssysteme und Einstellungen.

Darin liegt nun aber auch eine große Gefahr von System 1. Es lässt sich einfach nicht abschalten. Permanent rotiert es, sucht nach Mustern, Gefahren und Möglichkeiten. Bei so viel Arbeitswut ist es verständlich, dass auch System 1 darauf bedacht ist, Ergebnisse mit möglichst wenig Aufwand zu erzeugen. Das macht es anfällig. Extrem anfällig sogar. Wie Du noch sehen wirst, antwortet es zum Beispiel lieber auf wesentlich einfachere Fragen als die, die man ihm stellt. Es verzerrt gerne und macht mit aller Gewalt passend, was sich einfach nicht in ein bestehendes Modell reibungslos integrieren lässt. Und es geht auch sonst gerne jeglichem Konflikt aus dem Weg. Auch wenn System 1 in aller Regel äußerst zuverlässig, schnell und kompetent arbeitet, es kann auch ganz schön in die Hose gehen, wenn man ihm stets und blind vertraut. Das wirst Du gleich noch sehen.

Schauen wir uns aber zuerst noch den Mitspieler an, der System 1 tapfer die Stange hält.

SYSTEM 2 –
DER OHNMÄCHTIGE BEKANNTE

System 2 kommt in unserem inneren Expertenzentrum die Aufgabe eines Handlangers zu. Ok. Das ist jetzt ein wenig zu schroff formuliert, aber ganz so falsch ist es auch nicht. Man kann sich System 2 als eine Art Zuarbeiter vorstellen. Ein cholerischer Zuarbeiter vielleicht. Die meiste Zeit über arbeitet er brav, still und gewissenhaft die Aufgaben ab, die System 1 spanisch vorkommen. Aber wehe, wenn es ihm irgendwann zu blöd wird. Dann haut es auf den Tisch und entscheidet mit aller Kompetenz eben selbst. Ein seltsamer Arbeitsplatz, aber ein unabkömmlicher.

Ganz konkret arbeitet System 2 wie ein guter, antiautoritärer Chef. Wenn er gebraucht wird, ist er sofort zur Stelle. Er lenkt willentlich die Aufmerksamkeit immer dahin, wo sie gerade gebraucht wird. Sucht Lösungen und Lösungswege, die sich nicht automatisch erreichen lassen, und unterstützt so die mentalen Prozesse von System 2, die ohne seine Zuarbeit und Ergebnisse aufgeschmissen wären. System 2 hat also allen Grund dazu, sich meist als äußerst konzentriert zu erleben, aber auch frei zu jeglicher Entscheidung und mächtig in seiner Handlungskompetenz. Auch wenn es sich ansonsten aus dem Alltagsgeschäft weitgehend heraushält.

System 2 ist auch ein perfekter Controller. Es überwacht alle Entscheidungen und prüft sie auf System-adäquates Verhalten. Das ist zum Beispiel dann gefragt, wenn man in einem feinen Lokal den Kellner eben nicht in voller Lautstärke zur Sau machen sollte, ganz gleich, ob er Dir absichtlich oder aus Versehen gerade die Bratensoße über die Krawatte gelehrt hat. System 2 sorgt also dafür, dass man mit den äußeren Lebenssystemen konform bleibt und reguliert im Bedarfsfalle die entsprechenden Impulse.

Du siehst, System 2 ist vor allem auf einen Aspekt angewiesen: die Aufmerksamkeitskontrolle. Es braucht Aufmerksamkeit, um arbeiten zu können, und ist vollständig verstört, wenn diese abgezogen wird. So wird es Dir schlicht nicht möglich sein, Deine Schwiegermutter im Gewimmel des Stuttgarter Bahnhofs zu entdecken, wenn Dir parallel Deine zweijährigen Zwillinge das Ohr abkauen und Deine Aufmerksamkeit in Beschlag nehmen. Du kannst auch nicht Deiner neuen Bekanntschaft Deine Telefonnummer mitteilen, solange Du gespannt dem Gespräch am Nachbartisch lauschst. Oder schon gar nicht Deine Steuererklärung machen, während das Fußballendspiel Deines Lieblingsvereins im Fernseher läuft.

Die Kapazitäten von System 2, aufmerksam sich einer Aufgabe zu widmen, sind beschränkt. Die Energie, die es dafür braucht, nennt man: Konzentration. Und diese Energie ist nicht nur endlich, sondern das ganze Konzept hat auch seine Tücken.

Ein intensiver Invest von Konzentration auf eine bestimmte Aufgabe kann einen so zum Beispiel blind für Dinge machen, die einem sonst nie entgehen würden. Ein hübsches kleines Filmchen auf meiner WebSite demonstriert diesen Effekt ganz eindrücklich. Nach dem allseits bekannten Experiment mit dem Gorilla[5] habe ich mich einmal auf die Suche nach einer Alternative gemacht. Bei der Veränderungsblindheit bin ich fündig geworden. Nicht nur der fast schon unglaubliche „Person Swap", den Derren Brown[6] demonstriert, zeigt das eindrücklich, auch das kleine Filmchen: „Whodunnit" präsentiert einem, wie dank einer simplen Frage unzählige Veränderungen am Set unbemerkt an einem vorüberrauschen. Das Lustige dabei ist, dass, auch wenn man im Vorfeld vor dem Effekt gewarnt wurde, dennoch das Ergebnis nur bedingt besser wird.

In fast keinem meiner Workshops habe ich es bisher verpasst, diesen Effekt immer und immer wieder aufs Neue anzubieten. Bis heute habe ich nicht eine Gruppe gefunden, die alle 21 Veränderungen in dem 90 Sekunden dauernden Clip entdeckt hätte. Wenn wir uns also einmal in einem Workshop treffen sollten und ich Dir den Film zeige, gebe nicht auf, bevor Du diese 21 Veränderungen alle entdeckt hast. Damit wärst Du dann der Erste, der sich nicht vom Übereifer seines Systems 2 hätte ausspielen lassen, und auch der Erste, der sich unter Druck noch derart flexibel in seinem Gehirn zu bewegen weiß.

Beispiele, wie schnell unser vernunftbegabtes System 2 von der Ignoranz unseres Systems 1 übertrumpft wird, gibt es bei Weitem noch mehr. Sicherlich kennen einige die Müller-Lyer-Illusion. Auf dem Bild sind zwei Pfeile übereinander abgebildet. Der einzige Unterschied liegt offensichtlich darin, dass bei dem oberen Pfeil die Pfeilspitzen an beiden Enden regulär gezeichnet wurden, bei dem zweiten Pfeil hingegen die Pfeilspitzen an den Enden der Linien gespiegelt wurden. Die Frage, der man sich beim Anblick dieses Bildes nun stellen soll, ist diese: Welcher der beiden Pfeile ist länger?

Intuitiv wissen wir es mal wieder sofort. Der untere Pfeil ist länger. Ganz klar. Egal welchen Bezugspunkt man sich zum Schätzen gesucht hat, der untere Pfeil wirkt einfach länger. Selbst wenn man das Lineal bemüht und die Linien exakt abgemessen hat, es bleibt wie verhext. Unsere Wahrnehmung ändert sich nicht. Einfach verrückt[1]. Das Einzige, was uns bleibt, ist, den Entschluss zu fassen, grundsätzlich solchen hinterhältigen Fragen, die entweder nach Schätzungen oder Wahrscheinlichkeiten fragen, in Zukunft äußerst skeptisch gegenüber zu sein. Unsere Wahrnehmung verändert das in manchen Fällen, wie der Müller-Lyer-Illusion, zwar nicht, aber unsere Fehleranfälligkeit dank System 1 wird das auf jeden Fall relativieren. Ein wenig hoffentlich.

---

1   Die Müller-Lyer Täuschung wurde 1889 vom deutschen Psychiater und Soziologen Franz Müller-Lyer entdeckt. Eine eingellige Erklärung für dieses Phänomen ist bis heute noch nicht gefunden.

ZUSAMMENGEFASST

Du siehst, alles was Du denkst und fühlst, geht aus Deinem System 1 hervor. Es verarbeitet in einem Wahnsinns-Tempo alle eintreffenden Reize, überprüft sie auf Ähnlichkeiten mit bereits gespeicherten Erfahrungen und bietet ein entsprechendes Reaktionsangebot an. Es arbeitet ohne Unterlass und lässt sich auch nicht ausschalten[7]. Darin liegt auch seine große Anfälligkeit für Fehler. Bei einem derart arbeitswütigen System muss es seine Prozesse optimieren und sparsam mit den zur Verfügung stehenden Ressourcen umgehen. Gerne nimmt es daher Abkürzungen oder macht es sich leicht.

Doch wenn es schwierig wird, dann übernimmt System 2. Und das hat zum Glück auch in aller Regel das letzte Wort. Nur ohne ein wenig Training, Hintergrundwissen und Knowhow wird auch unser vernunftbegabtes System 2 keine allzu großen Sprünge in ein bisschen mehr Klarheit machen und sich weiterhin schnell hinters Licht führen lassen.

Diese beiden Systeme agieren aber nun nicht getrennt voneinander. Ganz im Gegenteil. Wie wir gesehen haben, arbeiten sie Hand in Hand. Und das ziemlich gut und effizient. Zumindest die meiste Zeit. Wenn System 1 einmal den Durchblick verlieren sollte, fordert es umgehend bei System 2 weitere Informationen an. System 2 fokussiert dann die Aufmerksamkeit, und das Problem wird analysiert. Immer dann, wenn System 1 keine Antwort hat, ist das zweite System also gefragt und rennt los. Das ist meistens dann der Fall, wenn die Rechenoperation das Niveau von 2+2= übersteigt und zum Beispiel nach der Lösung für 19×36 gesucht wird. Oder eine unerwartete Überraschung Dich zusammenzucken lässt. Aber auch immer dann, wenn ein

Ereignis registriert wird, das dem Weltmodell von System 1 gegen den Strich bürstet.

Du siehst, das Teamwork dieser beiden Systeme ist in der Regel wunderbar aufeinander eingestellt. Der Aufwand wird minimiert und die Leistung optimiert. In der Regel läuft das wunderbar. System 1 arbeitet überaus zuverlässig. Seine Vorhersagen sind vertrauenswürdig, die mühevoll antrainierten Reaktionsmodelle für sich wiederholende Situationen sind oft richtig, und die spontanen Angebote für bestimmte Verhaltensäußerungen sind angemessen. Nur eben nicht immer.

Wäre das die Regel, dann würde ich sicherlich nicht darüber schreiben. Man müsste all die eingangs erwähnten Kurse, Bücher und Workshops noch unterstützen. Intuition wäre dann tatsächlich der Grals-Weg, den zu gehen man nur noch lernen müsste, um ans Ziel all seiner Wünsche zu gelangen. Doch leider, so einfach ist es nicht! Fehler in der Verarbeitung von Reizen, Fragen und Situationen durch die beiden Systeme sind nicht nur auf künstliche, im Labor erzeugte Umstände oder besonders hinterhältig gestellte Fragen und Aufgaben beschränkt. Sie sind Gegenstand unserer alltäglichen Lebenswirklichkeit. Richter urteilen so unangemessen streng, das individuelle Wahlverhalten an der Urne ist oftmals weniger frei als man annimmt, und selbst Hilfsbereitschaft unterliegt, wie wir noch sehen werden, in der Regel den fatalen Fehlentscheidungen der beiden Systeme. Intuition, die man mancherorts so sehr lobt und preist, ist ganz und gar nicht so gradlinig und heilsbringend, wie man es sich wünschen würde.

Wie verzwickt das Ding mit der Intuition ist und wie schnell man sich, ohne es überhaupt zu bemerken, auf einem Irrweg wiederfindet, das möchte ich Dir im Folgenden zeigen. Nicht um gegen unsere intuitive Begabung ins Feld zu ziehen. Nein, ganz sicher nicht! Sondern um Wege zu finden, die realistisch, hilfreich und zielführend sind, wenn wir lernen wollen, mit unserer Intuition und unseren Entscheidungsprozessen überhaupt umgehen zu wollen.

VORBEREITUNG

Eine Haltung finden, die halten kann

EINE PASSENDE PERSPEKTIVE FINDEN

Ein paar Beispiele, wie unsere Systeme grundsätzlich geneigt sind, es sich leicht zu machen, um möglichst rasch ans Ziel zu kommen, hatte ich eingangs bereits aufgeführt. Wir überlesen Worte, setzen Kauderwelsch einfach wieder sinngebend zusammen oder tippen voll daneben, wenn wir die Länge von zwei Pfeilen schätzen sollen. Einmal fasziniert uns die intuitive Leistung unseres Gehirns, zweimal können wir zumindest überrascht über uns schmunzeln. Doch das sind bei Weitem nicht die einzigen Überraschungen, die unsere Intuition auf Lager hat. Wenn man tatsächlich einmal nichts anderes tut, als stillschweigend zu beobachten, was da alles an Antworten und Impulsen in einem entsteht, wird man aus dem Staunen gar nicht mehr rauskommen.

Auf meinem Streifzug[8] durch die spannende Welt der psychologischen Forschung, stets auf der Suche, dem Geheimnis der Intuition ein Stück näher zu kommen, wurde mir eines ganz schnell klar: Will man auch nur ansatzweise den eigenen inneren Impulsen auf die Spur kommen, muss man verstehen lernen, wie unsere beiden Systeme funktionieren. Ansonsten bleibt einem keine Wahl, als bedingungslos zu akzeptieren, was da und wie da was in einem vor sich geht. Die Welt der Mystik und Verklärung tut sich auf, und man versinkt unweigerlich in abenteuerlichen Rechtfertigungsmodellen oder bleibt gebannt stecken in der Faszination der Möglichkeiten des menschlichen Geistes. Beides ist aber nicht sonderlich zielführend. Auch Aschenputtel stand ja einmal vor der Aufgabe, die guten von den schlechten Linsen aus dem Aschehaufen zu picken, und so ähnlich stehen auch wir vor der Herausforderung, Unterscheidungen treffen zu lernen, um die „guten Intuitionen" aus dem

Meer von Fehlleistungen trennscharf herausfiltern zu können. Für diese Art der Unterschiedsbildung braucht es nicht viel: ein paar klare Referenzen, ein wenig Übung und ein Schwung Beispiele zur Veranschaulichung. Dann bekommen wir schnell ein Gefühl dafür, wie sich alltäglich unsere Intuition ins Spiel bringt und wie wir mit ihr umgehen können, wenn es einmal wieder drauf ankommt.

Beschäftigt man sich mit der Intuition, dann beschäftigt man sich mit etwas, das einem völlig „normal" erscheint, das man bisher womöglich noch nie in Frage gestellt hat und dem man bis heute in den meisten Fällen selbstverständlich gefolgt sein wird. In den meisten Fällen werden wir damit auch ganz gut gefahren sein. In allen anderen haben wir womöglich mühevoll Für und Wider abgewägt, um am Ende eine Entscheidung zu finden. Doch Studien haben gezeigt, dass diese Art vernunftbegabter, rationaler Entscheidungsfindung eher selten zu unserer Zufriedenheit beiträgt. Man konnte zeigen, dass Menschen, die lange und ausführlich rationale Gründe für eine Entscheidung aufführen, rückblickend weniger zufrieden und glücklich über diese sind als jene, die sich aus dem Bauch heraus für etwas entscheiden[9]. Eine Zwickmühle. Mischt man sich also in Entscheidungsprozesse ein, wird man wahrscheinlich unzufrieden mit dem Ergebnis, tut man es im Zweifel aber nicht, wird unsere Intuition nach altbewährten Mustern vorgehen und uns die Geschichten erzählen, die sich kaum von den hunderten und tausenden unterscheiden werden, die sie bisher und schon immer erzählt hat[10].

Um der Intuition auf die Spur zu kommen und der Zwickmühle auszuweichen, empfiehlt es sich daher, auf drei Dinge zu achten:

1. ACHTSAM BEOBACHTEN

Das Erste, auf was wir bei diesem Thema achten sollten, ist, dass wir Menschen immer und grundsätzlich auch die Geschichten begründen und erklären werden, die uns unsere Systeme über das erzählen, was sich da vor unserer Nase abspielt. Ob diese Geschichten nun haltbar sind oder nicht! Selbstbestätigungszwang nennt man das in der Psychologie. Sich selbst in Frage stellen, macht man einfach nicht. Das kostet in der Währung unseres Nervensystems zu viel Energie. Das ist auch nicht die Aufgabe. Ziel ist es, die so rasch ablaufenden Prozesse und Entscheidungsmuster „absichtslos" zu beobachten. Es geht darum, einfach nur mitzubekommen, was da plötzlich vor unserem inneren Auge auftaucht, wie es auf uns wirkt und wie man aufgrund noch folgender Erklärungswege diese Prozesse verstehen kann.

Womit wir uns abfinden müssen, ist, dass unser Gehirn schlicht nicht so verdrahtet ist, als dass wir unsere intuitiven Impulse zu ihrem Ursprung zurückverfolgen könnten. Wir wissen nichts darüber, woher sie wirklich kommen bzw. warum letztendlich sie in genau der Art ausgelöst wurden und uns unbedingt diese Variante der Realität auftischen. Aber wir können sie als intuitive Impulse wahrnehmen und damit von dem unterscheiden, was wir ansonsten unreflektiert als Realität bereit sind zu akzeptieren.

Das ist schon ein erster großer Schritt: Für einen Moment nicht zu hinterfragen, nicht in Frage zu stellen, dafür aber schlicht zu beobachten, wie das, was in uns als Realität wirkt, sich Stück um Stück aus vielen kleinen Bausteinen zusammensetzt, das ist schon was. Dazu muss man lernen, sich ein wenig auszubremsen. In Zeitlupe lassen sich zumindest einige dieser Puzzleteile ganz gut erkennen und damit entstehen Möglichkeiten, die Grenzen der eigenen Wahrnehmung, Bewertung und Erklärung neu zu definieren.

2.   KLARE REFERENZEN

Dazu brauchen wir ein Zweites. Wir brauchen Referenzen. Anders gesagt, wir brauchen nichts anderes als ein bisschen Wissen. Dieses Stück Wissen kann uns dann als Spiegel dienen, unsere unbewusst losgetretenen Prozesse in dem Moment wahrzunehmen und zu verstehen, in denen sie sich zeigen. In der Prüfung vorwärts, auf ihre Wirkung, und rückwärts, auf ihren Bauplan, lassen sie sich fehlerfrei differenzieren.

Da das bewusste Abarbeiten von derlei kognitiven Aufgaben durch System 2 ja bekanntlich immer langsam ist, viel Energie verbraucht und nicht sonderlich bequem erscheint, muss man sich auf ein bisschen Denksport einstellen. Aber der Aufwand lohnt sich.

3.   EIN QUÄNTCHEN MUT

In den vielen Jahren therapeutischer Arbeit habe ich vor allem eines gelernt: Wer keinen Mut hat, die Veränderung scheut oder die eigene Komfortzone einfach noch für viel zu attraktiv hält, als sie verlassen zu wollen, der wird auch nicht einen Schritt vorwärts machen. Neue Perspektiven, neues Wissen oder gar die Option für neue Chancen werden lieber links liegen gelassen, als Gefahr zu laufen, Altes zu verlieren. Es braucht schon ein bisschen Mut, einen Schritt über den eigenen Schatten zu machen. Wenn in Dir also Widerstand, Ablehnung oder Begründungsorgien laut werden, die in ihrer Wirkung nur auf das eine Ziel hin ausgerichtet sind, Bestehendes zu verteidigen, dann bist Du genau auf dem richtigen Weg. Dann braucht es nur noch diesen einen mutigen Schritt.

FEHLLEISTUNGEN

Warum wir nichts von dem wissen, was wir spüren

INTUITION AUF ABWEGEN

Ein Schläger und ein Ball kosten zusammen 1.10 €.
Der Schläger kostet einen Euro mehr als der Ball.
Die Frage ist nun: Wie viel kostet der Ball?

Shane Frederick[1] entwickelte diese Frage. Sie gehört zusammen mit noch zwei anderen zu dem sogenannten *Cognitive Reflection Test* (CRT). Sie entstand, als Kahneman und Frederick zusammen an einer Urteilstheorie arbeiteten. Die Ball-Schläger-Frage sollte die Lösung bringen, wie intensiv System 2 die Vorschläge von System 1 überwacht. Und? Was glaubst Du, wie sorgfältig hat Dein System 2 die Antwort, die Du gefunden hast, überprüft? Welche Antwort schoss Dir denn intuitiv und unwillkürlich durch den Kopf? Sicherlich war es die Zahl Zehn! Was auch sonst. Intuitiv dürfte das für die meisten unter uns die absolut richtige Antwort gewesen sein. Sie ist aber falsch. Definitiv. Keine Diskussion. Dein System 2 war nicht sonderlich engagiert, die spontane Antwort noch einmal zu prüfen. Vielleicht hast Du Dir auch kurz überlegt, wieso ich eine so leichte Frage überhaupt hier aufgenommen habe – es aber dann verworfen. Vielleicht ist Dir auch aufgefallen, dass ich sie sogar direkt unter die Überschrift platziert habe – aber es dann doch ignoriert. Und auch, dass ich das Kapitel mit Fehlleistungen überschrieben habe und direkt nach den „Vorbereitungen" als Erstes platziert habe, scheint Dich nicht wirklich irritiert zu haben. All das hat nicht ausgereicht, Dich gegen die Automatik Deines Systems 1 aufzulehnen. Du hast es geschehen lassen. Es war ja auch ein so schöner Flow[11]. Frage – Antwort – Glücksgefühl. Jetzt hast du mal wieder den Salat. Ein tolles Beispiel zum Üben.

ʎ

Ich bin mir sicher, dass auch diejenigen unter Euch, die auf die richtige Antwort kamen, haben zuerst die Zehn vor sich aufblitzen gesehen. Irgendwie habt ihr es aber dann geschafft, Euch gegen diesen intuitiven Impuls zur Wehr zu setzen. Euer System 2 hat also hervorragend funktioniert. Gratuliere.

Nun aber die richtige Antwort für alle anderen. Die Lösung ist Fünf. Es sind fünf Cent, die der Ball kostet. Rechne noch einmal nach, wenn es Dir jetzt nicht wie Schuppen von den Augen gefallen sein sollte. Aber mach Dir auch nicht zu viel draus. Die Attraktivität der „kognitiven Leichtigkeit" war nicht nur für Dich einfach unwiderstehlich. Als ich den CRT kennenlernte, ging es mir auch keinen Deut anders. Ganz gleich, was ich über intuitive Prozesse bereits schon wusste und wie aufmerksam ich auch glaubte zu sein, es ratterte einfach durch mich durch und blökte plötzlich glücklich und zufrieden aus mir heraus: Zehn! Nicht weniger beschämend war dann auch schon der nächste Augenblick. Schon wieder war ich in die Falle getappt.

Du hast damit eines der wichtigsten Gesetze unseres Nervensystems kennengelernt: Das Gesetz der geringsten Aufwands. Dieses Gesetz besagt, dass wir Menschen immer dann, wenn es scheinbar mehrere Wege gibt, um das gleiche Ziel zu erreichen, stets den Weg, mit dem geringsten Aufwand wählen werden. Unsere Ökobilanz muss einfach stimmen. Die Kosten-Nutzen-Rechnung muss aufgehen[12]. Faulheit ist einfach tief in unserer Natur hinein verwebt.

Hätte ich Dich kurz nach der Aufgabenstellung danach gefragt, wie Du auf dieses Ergebnis gekommen bist, dann hättest Du noch einen weiteren, spannenden Effekt bei Dir beobachten können. Du hättest Dich dabei erlebt, wie Du Deine falsche Antwort begründet hättest. Vielleicht kannst Du das sogar jetzt noch, wenn Du noch darum ringen solltest, irgendwie zu verteidigen, wieso Du auf diese Frage trotz derlei vieler Hinweise reingefallen bist. (Erinnere Dich an das Thema mit dem Widerstand weiter oben.)

ÜBERSETZUNGSFEHLER

Eine Variante dieser Eigenheit der beiden Systeme, die Sache lieber grundsätzlich gemütlich anzugehen, nennt man auch „belief bias" – oder auf Deutsch: Überzeugungsfehler[13]. So ein Überzeugungsfehler tritt gerne bei kleinen Denksportaufgaben auf, wie sie ein Syllogismus zum Beispiel diesen anbieten kann:

Alle Rosen sind Blumen.
Einige Blumen verwelken schnell.
Deshalb verwelken einige Rosen schnell.

Nun die Gretchen-Frage: Ist diese Aussage gültig oder nicht? Na, was glaubst Du? So ganz intuitiv mit diesmal alarmiertem System 2? Oder will ich Dich jetzt nur hinters Licht führen? Ich will es Dir leichter machen. Laut Studie stuft eine große Mehrheit von Studenten diesen Syllogismus als gültig ein. Ist er aber leider nicht. Es ist ja immerhin möglich, dass sich unter den rasch welkenden Blumen keine Rosen befinden, oder? Dir wird wieder schlagartig eine Antwort eingefallen sein, und Du wirst einige Mental-Dollar dafür investiert haben müssen, diese Antwort zu überwinden. Aber ich habe Dir ja versprochen, dass es sich lohnen wird. Und so ist es auch. Forscher haben herausgefunden, dass die Schulung der Aufmerksamkeit nicht nur die exekutive Kontrolle verbessert; auch die Leistung der nonverbalen Intelligenz wird sich erhöhen. Das haben sie allerdings nicht bei diesen Denksportaufgaben herausgefunden, sondern bei diesem berühmt-grausamen Experiment, bei dem man kleine Kinder mit einem Donut für 15 Minuten allein in einen Raum sperrte. Sie hatten die Wahl: Entweder 15 Minuten widerstehen und dafür dann zwei Donuts bekommen oder das süße Stück gleich in sich reinstopfen. Dieses Experiment zu Selbstkontrolle, das ursprünglich 1970 von Walter Mischel und Ebbe Ebbesen durchgeführt wurde, fand seither viele Nachahmer. Selbst Derren Brown und andere experimentierten mit diesem Versuchsaufbau. Du findest eine Menge dazu in youtube.

Wir wissen nun, dass das Gesetz des geringsten Aufwands die Messlatte für eine Menge Prüf- und Messroutinen unseres Gehirns ist. Die kognitive Leichtigkeit (cognitive ease/fluency) wird zum Maßstab dafür, ob alles leicht und gut läuft, ergo keine Bedrohung in Sicht und keine weitere Neuorientierung nötig ist. Damit der geringste Aufwand auch maximalen Effekt zeigen kann, sammelt unser Gehirn andauernd Hinweise, prüft und bewertet sie auf ihr Gefahrenpotential und legt sie als Bausteine für Verarbeitungsrituale ab. Zu diesen Bausteinen gehört auch der Aspekt: Vertrauen. Das, was man vertraut, muss ja schließlich nicht dauernd erneut geprüft werden. Daher ist zum Beispiel der Hinweisreiz Wiederholung ideales Material, aus dem diese Bausteine geformt werden können. Da Vertrautheit und Wahrheit sich nur sehr schlecht voneinander unterscheiden lassen, ist Wiederholung ein wunderbares Werkzeug zur Manipulation.

VERTRAUENSFEHLER

Diesen Effekt kennen wir alle. Dutzende Male wird in der Werbung ein bestimmter Slogan wiederholt, berichten die Medien über ein bestimmtes Ereignis oder stufen wir Namen und Gesichter als vertrauenswürdig ein, selbst dann, wenn wir sie zuvor nur einmal kurz irgendwo gesehen haben. Das Lustige dabei ist, dass Botschaften, denen wir glauben sollen, uns nicht unbedingt vollständig präsentiert werden müssen. Ian Begg[14] und seine Forschergruppe haben herausgefunden, dass, wenn einem der unvollständige Satz: „Ein Huhn hat eine Körpertemperatur ..." nur oft genug angeboten wird, man später auch deutlich leichter zustimmen wird, wenn der Satz wie folgt vervollständigt wird: „Ein Huhn hat eine Körpertemperatur von 60 Grad Celsius".

Vertrautheit (dank Wiederholung) gehört daher zu den wesentlichen Bausteinen, die das Gesetz des geringsten Aufwands untermauern. Immer dann, wenn Du also vor einer Entscheidung stehst und geneigt bist, aufgrund dessen, dass Dir irgendwas vertraut scheint, allzu leichtfertig zu entscheiden, könnte es sich lohnen, einmal kurz innezuhalten, um zu prüfen, woher man sich denn so sicher scheint. Es könnte sein, dass nur aufgrund von stetiger Wiederholung oder kurzer Bekanntschaft sich irgendwann einmal dieser Aspekt der Vertrautheit in unser Gehirn geschlichen hat.

Beim Schreiben, vor allem dieses Kapitels, erinnere ich mich zwangsläufig immer wieder an diese Gesetzmäßigkeit. Warum? Nun, weil dieses Gesetz übertragen auf Dich als Leser vor allem bedeutet, dass umso geringer die kognitive Beanspruchung ist, der ich Dich zum Beispiel durch meine Wortwahl und Formulierungen aussetze, desto eher werden Dir meine Gedanken und schlussendlich das Ganze Schaffenswerk gefallen. Und ganz ehrlich: Natürlich bin ich dieser „Systemischen Einflussnahme" von Dir, als meinem Leser, hoffnungslos ausgeliefert.

Herbert A. Simon war ein großer Sozialwissenschaftler, Informatiker und Psychologe. Er wurde für seine Arbeiten als Wirtschaftswissenschaftler mit dem Nobelpreis ausgezeichnet und hat ganz wesentlich zu der Ergründung der Intuition beigetragen. In einem Experiment untersuchte er dutzende Schachgroßmeister und kam am Ende zu dem Ergebnis, dass diese nach vielen tausend Stunden des Spielens die Figuren auf dem Brett schlicht anders sehen, als wir Hobbyspieler das tun. Er beschreibt daher die Intuition als einen einfachen Prozess, in dem ein Hinweisreiz dem Experten Zugang zu Informationen verschafft, die in seinem Gedächtnis gespeichert sind und diese Informationen geben ihm die Antwort, die er für den nächsten Zug braucht. Intuition ist demnach nicht mehr oder weniger als Wiedererkennen[15]. Und etwas einfach wiederzuerkennen ist doch wohl definitiv bequemer, als sich andauernd neu orientieren zu müssen, oder nicht?

Wenn man diese Regel – das, was wir wiedererkennen, dem wir vertrauen – auf das Wesentliche eindampft, könnte ich Dir als kleines Experiment Folgendes anbieten: Vergleiche einmal folgende Aussagen:

1934 gilt als Geburtsjahr von Mickey Mouse.
1929 gilt als Geburtsjahr von Mickey Mouse.

Nun, welche Aussage, glaubst Du, ist wohl die Richtige? Mühe Dich nicht zu lange, beide Aussagen sind falsch. Aber welcher Aussage hast du denn eher vertraut? Die Forschung hat eine Antwort darauf. Diese hat herausgefunden, dass grundsätzlich eher der ersten Aussage vertraut wird. Da ich diese auch noch hervorgehoben haben, habe ich in besonderer Weise dafür gesorgt, dass die kognitive Beanspruchung besonders gering ausfällt[16]. Die Wahrscheinlichkeit, dass Dein System 1 also eher die erste Aussage wählt, war deutlich höher. Auch wenn Du mittlerweile bei all den Fragen und Wahrscheinlichkeitsspielchen bestimmt vorsichtiger geworden bist, dann wirst du jetzt erst recht besonders gut wahrnehmen, wie in Windeseile Dir Dein System 1 entsprechende Lösungsangebote darbietet. Richtiger werden Sie deswegen dennoch nicht. 1928 gilt als Geburtsjahr von Mickey Mouse. Dort wurde sie in einem New-Yorker Theater aufgeführt und begann ihren Siegeszug um die Welt.

Wäre diese eine Frage bei Günther Jauch gewesen, dann hättest Du das Spiel natürlich auch umdrehen können. Hättest Du weder einen Joker in Petto noch könntest Du bewusst das Ergebnis aus den Untiefen Deines Gedächtnisses kramen, bestünde immer noch die Möglichkeit, einfach Deine Intuition danach zu fragen. Du würdest zuerst daran denken, was Du mit Deinem Gewinn alles anstellen könntest, und dann einfach beobachten, welche der vier Antworten Dir am sympathischsten, am vertrautesten scheinen[17]. So könntest Du das Gesetz des geringsten Aufwands nutzen – natürlich unter Berücksichtigung des Phänomens der ersten Antwort. Dann hättest Du eine gute Chance, dass Dir das Geburtsjahr plötzlich in den Sinn kommt. Natürlich nur dann, wenn Du es tatsächlich jemals zuvor in Deinem Leben gehört hast.

MERE-EXPOSURE-FEHLER

Halten wir fest: Wiederholung führt zu kognitiver Leichtigkeit und zu einem Gefühl der Vertrautheit. Der Psychologe Robert Zajonc beschäftigte sich sein halbes Leben mit diesem sonderbaren Effekt. Er nannte ihn: „Mere-Exposure-Effect" – den Effekt der bloßen Darbietung. Dieser Effekt hängt dabei ganz und gar nicht vom bewussten Erleben ab. In Experimenten konnte man zeigen, dass auch Bilder, die nur einen winzigen Bruchteil einer Sekunde eingeblendet wurden und somit bewusst überhaupt nicht zu verarbeiten waren, dennoch diesen

Effekt erzeugten. Und mehr noch. Dein System 1 reagiert sogar noch deutlich besser auf Stimuli, die Dein System 2 gerade eben nicht bewusst mitbekommen hat.

Wieso das so ist? Darüber kann man nur spekulieren. Wahrscheinlich aber ist, dass ein Reiz, der zu keinem bzw. in wiederholtem Maße zu keinem Risiko wurde, prompt als Sicherheitssignal eingestuft wird. Und Sicherheit ist etwas Positives. Als Primat, damals, als wir noch durch die Steppe streunten, dürfte dieser Effekt das Überleben deutlich optimiert haben.

Zur kognitiven Leichtigkeit sollte man vielleicht auch noch schnell erwähnen, dass unser Gehirn alles klasse findet, was es sich leicht merken kann. Dazu gehören natürlich auch Namen. Das ist jetzt gar nicht so trivial, wie es klingt. Man hat festgestellt, dass Aktion, die einen leicht auszusprechenden Namen bzw. ein leicht verständliches Handelssymbol haben, eine bessere Wertentwicklung aufs Parkett legen als dass dies ihr Mitbewerber mit kryptischer Zeichenfolge können[18].

Jetzt könnte ich so fortfahren und eigentlich alle weiteren Effekte intuitiver Fehlleistungen unter diesem Punkt zusammenfassen: Faulheit. Mentale Ökonomie – die sich eben als Strategie entpuppt, stets den schnellsten und leichtesten Weg zu wählen, nennen wir eben gerne so. Ein etwas differenzierterer Blick, vor allem auch zum Zweck der leichteren Merkbarkeit, wird aber mit dem Einführen weiterer Kategorien besser gelingen. Einen letzten Punkt möchte ich aber dennoch schnell zum Abschluss anfügen, das Ding mit den heuristischen Fragen[19].

ERSETZUNGSFEHLER

Eigentlich funktioniert unser Geist so, dass wir auf nahezu alles, was uns begegnet, eine Meinung und ein intuitives Gefühl haben. Man findet Menschen sympathisch oder nicht, noch bevor man weiß, wie sie überhaupt heißen; man vertraut oder misstraut einer Situation, noch bevor man sie annähernd überblicken kann; man hat eine Einschätzung über Erfolg oder Misserfolg einer Unternehmung, bevor sie sich überhaupt entwickeln konnte. Anders gesagt, wir haben Antworten auf Fragen, noch bevor wir sie vollständig gehört, oder besser noch, verstanden haben. Das alles können wir, weil wir uns auf Impulse verlassen, die wir weder zurückverfolgen noch erklären können.

Daniel Kahneman schlägt für dieses Phänomen eine einfache Erklärung vor: „Wenn eine befriedigende Antwort auf eine schwierige Frage nicht schnell gefunden wird, findet System 1 eine ähnliche Frage, die leichter ist, und beantwortet diese". Er nennt diesen Prozess schlicht: Ersetzung!

Georg Pólya beschreibt in seinem Werk: „*Schule des Denkens, vom Lösen mathematischer Probleme*" diesen Prozess ganz pragmatisch. „Wenn Du ein Problem nicht lösen kannst, dann gibt es ein einfacheres Problem, das Du lösen kannst: Finde es!" Und genau so scheint unser System 1 auch mit Fragen umzugehen. Unfähig, eine Antwort zu finden, die zielgerichtet und präzise auf die gestellte Frage eingeht, beantwortet es einfach eine leichtere stattdessen. Glaubst Du nicht? Hier ein paar Beispiele.

Auf was glaubst Du zu antworten, wenn ich Dich Frage: Wie zufrieden bist Du gerade mit Deinem Leben? Wirst Du mir nicht eine Antwort darauf geben, wie gerade in diesem Moment

Deine Stimmung ist? Oder wenn ich Dich frage: Wie glaubst Du, sollte man mit Politikern umgehen, die unehrlich das Volk ausnehmen und hinterhältig ihre eigenen egoistischen Pläne verfolgen? Würdest Du dann nicht auf die Frage antworten: Wie viel Wut spüre ich gerade auf unsere aktuellen Politiker? Oder: Was glaubst Du, wie beliebt wird unsere Bundeskanzlerin Merkel in einem halben Jahr sein? Würdest Du dann nicht eher darauf antworten, wie beliebt sie derzeit wohl ist?

Wenn Du einfach absichtslos beobachtest, was da bei meinen Fragen in Dir geschieht, dann kannst Du beobachten, wie meine eher schwierigen und komplexen Fragen Dich, noch bevor Du antworten kannst, gleich zur Beantwortung einer nächsten drängen. Du musst zuerst klar bekommen, was für Dich Zufriedenheit bedeutet oder Unehrlichkeit oder was egoistische Pläne womöglich implizieren oder wie bei dem politischen Tohuwabohu derzeit sich wahrscheinlich die politische Karriere von Frau Merkel in die eine oder andere Richtung entwickeln wird. Alles Fragen, die gar nicht so leicht und schon gar nicht auf die Schnelle zu beantworten sind. Wolltest Du konkret darauf antworten, müsste Dein Gesprächspartner wohl ein paar Stunden Zeit mitbringen, bis Du Dir Dein Konzept dafür ausgearbeitet hast und es vortragen kannst.

Zum Glück aber gibt es eine heuristische Alternative zu all meinen Fragen. Eine Abkürzung sozusagen. Du antwortest dann zwar nicht konkret darauf, was ich wissen will, aber ganz so weit daneben liegt man auch nicht. In der Regel funktioniert das zumindest ganz gut. Manchmal auch überhaupt nicht. Auf jeden Fall hast Du so eine heuristische Standard-Antwort auf jede dieser komplexen Zielfragen. Du musst nur noch die Intensität Deines Gefühls entsprechend skalieren. Bei der ersten Frage vielleicht in eine Skala von: „geht so" bis „überragend gut". Bei der zweiten müsstest Du in Zeiten für Haftstrafen und bei der dritten vielleicht in Prozent oder Smilies umrechnen. Aber das ist ein Leichtes für unser System 1.

Wenn Du Dir dann beim Sprechen zuhörst, kann Dein System 2 selbstverständlich jederzeit eingreifen und vielleicht doch noch einen anderen Pfad beschreiten. Da Dein System 2 aber in aller Regel den Weg des geringsten Widerstands gehen wird und auch gegen die Intensitätsberechnung wohl kaum etwas einzuwenden haben wird, geht so ein Dialog seinen gewohnten Gang.

HEURISTIKEN

Automatische Wirkrituale unserer Hirnmechanik

STIMMUNGSHEURISTIK

Bleiben wir noch ein wenig bei diesen mentalen Abkürzungen, den Heuristiken. Wobei das sprachlich jetzt gleich wieder ganz schön schwammig wird. Aber so ist das halt. Die deutschen Wissenschaftler Fritz Strack, Leonard Martin und Norbert Schwarz experimentierten mit Priming-Effekten an Studenten[20]. Ich komme gleich noch zu dem besonderen Effekt des Primings. Falls er Dir nichts sagt, macht auch nichts. Du wirst gleich staunen, was die Wissenschaftler da ausgegraben haben, und dann von selbst erschließen können, was Priming wohl bedeutet.

Nun, diese drei gaben ihren Studenten einen Bogen mit folgenden beiden Fragen:

Wie glücklich fühlst Du Dich derzeit?
Wie viele Verabredungen hattest Du im letzten Monat?

Es liegt auf der Hand, für was sich die Wissenschaftler interessierten. Sie interessierten sich für die Korrelation der beiden Antworten, also ob Studenten, die viele Dates hatten, sich auch glücklicher einschätzen, und umgekehrt. Das Überraschende war nun, dass die Korrelation gleich null war. Dates waren wohl nicht das, was Studenten zum Thema „sich glücklich fühlen" spontan als Erstes einfällt.

Wie Wissenschaftler nun so halt sind, gab es natürlich eine Kontrollgruppe. Diese bekam die exakt gleichen Fragen, nur in umgekehrter Reihenfolge:

Wie viele Verabredungen hattest Du im letzten Monat?
Wie glücklich fühlst Du Dich derzeit?

Präsentierte man die Fragen in dieser Reihenfolge, lag die Korrelation plötzlich bei 0.6. Das ist mit die höchste Korrelation, die man bei psychologischen Messungen überhaupt erreichen kann. Wie aber lässt sich dieses Ergebnis nun erklären? Ein tolles Beispiel für Ersetzung. Durch die Frage nach Verabredungen weckte dies einen stark emotional geprägten Aspekt im Leben der Studenten. Die einen erinnerten sich an heiße Dates, die anderen an Einsamkeit. Die Frage primte sozusagen auf emotionale Reaktionen. Ein gefühlsbeladener Frame wurde damit aufgestoßen, in dem auch die zweite Frage dann kurzerhand mitbeantwortet wurde. Die Frage nach „Lebensglück" ist eben keine einfache Frage, die man eben mal so schnell beantworten könnte. Da kommt es einem doch gelegen, wenn man eine so schöne Möglichkeit für eine heuristische Ersetzung bekommt.

Du siehst, jetzt hab ich für ein und denselben Effekt drei verschiedene Wörter genutzt und doch meinen alle das Gleiche. Zumindest im Kontext dieser Beschreibung. Lass Dich also nicht verwirren, wenn es mal um Priming, Framing oder heuristsiche Ersetzungen geht. Der Effekt ist ähnlich. Bei allen drei gibt es einen vorausgehenden Reiz, der eine bestimmte Verarbeitungsmechanik anwirft, die sich wiederum (mehr oder weniger massiv) auf das Ergebnis (z.B. ein entsprechendes Verhalten) auswirkt.

Für den Kontext von Manipulation und Einflussnahme solltest Du Dir zukünftig vielleicht merken, dass es ganz und gar nicht egal ist, in welcher Reihenfolge man Dich etwas fragt bzw. Du Deinem Gegenüber eine Frage stellst.

Die Wertentwicklung von Immobilien in dieser Stadt ist schon atemberaubend? Wollen Sie mieten oder lieber kaufen?

AFFEKTHEURISTIK[21]

Es ist einfach atemberaubend, wie schnell sich ein Blatt wenden kann, sobald Emotionen ins Spiel kommen. Aber sind nicht eigentlich Emotionen immer im Spiel? Haben wir nicht zu allem, was wir in unserem Leben so um uns geschart haben, eine emotionale Beziehung? Haben wir nicht alles, was wir je gelernt haben, auf Grundlage von eben genau solchen Beziehungen gelernt? Oder willst Du behaupten, dass das Schicksal Dir die Schuhe beschert hat, die Du heute trägst? Oder das Bettzeug, unter dem Du schläfst? Oder die Wohnung, in der Du lebst? Den Beruf, dem Du nachgehst? Oder das Hobby, das Du pflegst?

Wir Menschen haben zu allem eine Beziehung, das meint, wir haben zu allem eine emotionale Bindung. Diese kann jetzt ablehnend sein oder sich als Vorliebe entpuppen. Aber gar keinen Bezug haben, geht nicht.

Hinzu kommt, dass System 2 eine besondere Vorliebe für derlei Emotionen zu haben scheint. System 2 ist eben nicht nur ein träger Beobachter, der System 1 einen riesigen Spielraum zur Entfaltung lässt und sich ansonsten aus allem heraushält. Im Kontext von Einstellungen ist System 2 sogar ein richtiger Aktivist. Es ist ein feuriger Fürsprecher der Emotionen. Seine Bemühungen laufen daher immer und immer wieder in die Richtung, Informationen und Argumente zu finden, die mit den bestehenden Überzeugungen und Einstellungen im Einklang sind. Für neue Informationen, die im schlimmsten Fall auch noch der bestehenden Einstellung entgegenstehen, hat es nicht sonderlich viel übrig. Entsprechend werden wir auch unsere Meinung bilden. Was wir mögen, mögen wir eben, und was wir doof finden, ist schlussendlich auch gut so. Kein Grund, irgendwas zu ändern.

Gesetzt den Fall, dass wir dummerweise doch irgendwie einmal in eine Situation geraten, in der wir ein Urteil fällen müssen, schlägt der Psychologe Paul Slovic vor, dass wir diese Art der intuitiven Urteilsfindung „Affektheuristik" nennen sollten. Dieses Label für ein Stück hochspezialisierte Hirnmechanik beschreibt der Wissenschaftler als eine Heuristik, dank der wir Dinge, Unternehmungen oder Menschen, die wir eben mögen, auch stets positiver bewerten werden und für kritische Töne grundsätzlich weniger offen sind. Wir entscheiden sozusagen aus dem Affekt emotionaler Dominanz. Wir fragen uns: Mag ich das? Hasse ich das? Wie stark reagiere ich darauf? Macht es mich glücklich? Traurig? Und so weiter. Wir diskutieren nicht sachlich und immer wieder neu, um eine Meinung zu finden.

Die Affektheuristik zählt damit als weiteres Beispiel zu der Kategorie der Ersetzungen. Wir beantworten eine leichtere Frage, in diesem Fall nach dem Gefühl, das wir zu etwas haben, anstatt uns mit der viel schwierigeren Frage auseinanderzusetzen, was wir wirklich über dies oder das denken.

ANKERHEURISTIK

Was glaubst Du:
War Gandhi älter oder jünger als 142 Jahre, als er starb?
Wie alt wurde er – was schätzt Du?

Das gehört mit Abstand zu der mir liebsten Art, Fragen zu konstruieren. Man hat kaum eine Chance, diesem mächtigen, versteckten Effekt zu entkommen, der da so sanft zwischen den Zeilen sein Unwesen treibt. Nur einer meiner besten Freunde verdirbt mir dabei immer den Spaß. Wie aus der Pistole geschossen kommen bei einem die Antworten. Und das ärgerliche dabei (zumindest für mich): zu 95 Prozent sind seine Antworten auch noch richtig! Er weiß es einfach. Er weiß einfach so unglaublich viel, da frage ich mich schon, warum er lieber den ganzen Tag in der „Sterne-Küche" seines Restaurants steht und nicht besser ein Buch schreibt (oder so was in der Art).

Die meisten von uns erliegen aber zum Glück dem Charme dieser eleganten Manipulationsstrategie, sonst könnte ich mir ja diesen Abschnitt sparen. Ankereffekte nennt man sie. Als NLPler gehen Dir jetzt wahrscheinlich alle Warnlampen an. Aber diese Variante von Ankern wird sicher weder Dir noch den meisten anderen in dieser Art schon mal begegnet sein. Obwohl allgegenwärtig, genießen verbale Ankereffekte weder eine besondere Aufmerksamkeit noch sind sie richtig populär. Komisch eigentlich.

Aber von vorne: Dieser Effekt, der unsere Intuition (fast) unter Garantie auf die falsche Fährte lockt, entsteht durch zwei unterschiedliche Mechanismen, die in unserem Gehirn miteinander ablaufen. Die erste Mechanik steuert System 1 dem Ganzen bei. Sie basiert auf einer Art automatischen Priming-Effekts. Die andere Mechanik kommt von System 2. Sie kann als ein Versuch willentlicher Anpassung verstanden werden. Beide zusammen spielt unser Gehirn immer dann aus, wenn wir etwas schätzen sollen. Vor allem Zahlenwerte.

Nun, wie läuft das genau. Bei der Frage zu Beginn hat es sich unser Gehirn wie gewohnt nicht sonderlich schwer gemacht. Es hat sich einen Bezugspunkt gesucht. Und den hat es mit der vorgegebenen Zahl auch bekommen. Dieser Wert hat nun die Wirkung, dass er den folgenden Verarbeitungsprozess sozusagen vorbahnt. Hat eine Zahl eine solche Wirkung, nennt man sie „Anker-Wert". Bekommt System 2 nun von System 1 einen solchen Anker angeboten, beginnt es nun abzuschätzen, ob man mit einer möglichen Antwort schon ganz nahe dran ist oder noch ewig weit weg. Entsprechend bewegen wir uns dann in die eine oder andere Richtung. Wir passen uns eben an. Wenn es sich gut anfühlt, bleiben wir innerlich stehen.

Dieser Anpassungsprozess endet nur meist viel zu früh. Wir Menschen sind zu schnell verunsichert und werden unschlüssig, ob man sich wirklich weiterbewegen soll oder nicht. Sicherer ist es da eben, stehen zu bleiben. Wenn wir dann auch noch mental erschöpft sind (zum Beispiel vom vielen Lesen), endet der Prozess noch viel früher. Anders gesagt: Wenn Dein System 2 nicht auf Hochtouren arbeiten kann, solltest Du solchen Fragen, wie der eingangs gestellten, lieber aus dem Weg gehen.

Nun, Du wirst sie dennoch beantwortet haben, die Frage über das Alter von Gandhi, als er starb. Doch wie bist Du auf Deine Lösung gekommen? Hast Du wirklich die 142 genommen und Dich dann von diesem Wert wegbewegt, bis es sich für Dich richtig angefühlt hat?

Man weiß es nicht. Ich nehme an, dass Du in meiner Eingangsfrage wahrscheinlich nicht willentlich und bewusst meinen angebotenen Ankerwert von 142 Stück um Stück nach unten korrigiert hast, bis er für Dich gepasst hat. Vielleicht hast Du Dein Wissen um geschichtliche Zusammenhänge genutzt oder Du kennst eben die Biographie von Gandhi. Dennoch zeigt die Forschung ganz eindeutig, dass diese Zahl Einfluss auf Dich und Dein System 2 gehabt haben wird. Vielleicht wirst Du deshalb nicht in zu gewagten Schritten unter die Hundert marschiert sein. Vielleicht bist Du so um die 100 geblieben oder kurz drunter? War es so?

Man kann das auch anders beschreiben. Schlicht gesagt, wirkt so ein Ankerwert immer auch als Suggestion. Suggestionen sind nämlich nichts anderes als Priming-Effekte, die einem selektiv kompatible Informationen ins Gedächtnis rufen. So wirst Du nicht eine Sekunde geglaubt haben, dass Gandhi jemals 142 Jahre alt hätte werden können, Du wirst aber dafür sicherlich ein Bild von einem sehr alten Mann vor Deinem inneren Auge gesehen haben. Auf die Assoziationsmechanik des Systems 1 ist eben verlass. Sie wird ihr Bestes getan haben, um eine Welt zu konstruieren, in der die 142 eine wahre Zahl ist – doch am Ende hat es sich nicht durchgesetzt. Zumindest nicht ganz. Du hast Dich intuitiv lieber anders entschieden. Wahrscheinlich aber dennoch falsch. Und mit Sicherheit „falscher " dank dieses Ankerwerts.

Das Interessante dabei ist jetzt, dass es bei dem Ankereffekt überhaupt nicht darauf ankommt, ob der angebotene Ankerwert realistisch ist oder nicht. Du könntest ihn auch auswürfeln oder die letzten vier Ziffern Deiner Kreditkarte nehmen. Der Effekt stellt sich so oder so ein. Ich hab mich auch nur willkürlich für 142 entschieden. Eine tiefere Logik lag meiner Wahl nicht zugrunde. Ich wollte, dass Du Dich überschätzt. Daher habe ich eine absurd große Zahl gewählt. Wenn man nun aber bedenkt, dass man statt dieser simplen Schätzung zum Beispiel ein Kaufangebot hätte abgeben müssen, dann wäre unsere Intuition uns ganz schön teuer gekommen.

Ankerwerte sind ein wunderbares verbales Spielzeug, die intuitive Urteilsheuristik eines Gegenübers entsprechend zu manipulieren. Es gibt unzählige Beispiele und Möglichkeiten, mit diesen Ankerwerten zu arbeiten. Ein paar wenige davon möchte ich Dir vorstellen.

So erzählt Kahneman zum Beispiel davon, dass in einem naturwissenschaftlichen Museum in San Francisco ein Teil der Besucher gefragt wurde, ob die Höhe des größten Küstenmammutbaums mehr oder weniger als 366 Meter beträgt? Bzw. wie hoch sie den größten Küstenmammutbaum denn schätzen würden. Einer Vergleichsgruppe wurde dieselbe Frage gestellt, nur nutzte man hier den Ankerwert von 55 Metern. Erwartungsgemäß wichen die mittleren Schätzwerte der beiden Gruppen voneinander ab. Nur dass es mächtige 55 Prozent sein würden, damit hatte keiner gerechnet[22].

Ein anderes Beispiel, für das mich meine Schwiegermutter (die selbst einmal Richterin war) jetzt wohl lynchen wird, aber doch auf verstörende Art und Weise einen zum Staunen bringt, ist ein Experiment, das ich im Handbuch Manipulation schon einmal kurz erwähnte. Die Forscher Thomas Mussweiler, Birte Englich und Fritz Strack experimentierten mit deutschen Richtern, die eine durchschnittliche Berufserfahrung von über 15 Jahren hatten. Diesen präsentierte man den Fall einer jungen Ladendiebin und bat sie um ihre Urteile. Antworten sollten sie aber erst, nachdem man zwei gezinkte Würfel geworfen hatte. Diese konnten entweder nur den Wert Drei oder Neun zeigen. Ganz gleich wie sie fielen, unmittelbar danach hatten die Richter ihr Urteil zu verkünden. Das faszinierende bei diesem Experiment ist, dass jene Richter, die eine Drei gewürfelt hatten, durchschnittlich die Diebin zu einer Strafe von fünf Monaten verurteilten, jene, die die Neun gewürfelt hatten, lagen im Schnitt bei acht Monaten. Das ergibt einen Ankereffekt von 50 Prozent! Wenn das mal nicht spannend ist, oder nicht?

Die wissenschaftliche Forschung leitet aus diesen Ergebnissen eine Menge über die Beziehung der beiden Systeme untereinander ab. Schauen wir uns an, was sie so feststellen:

Zum einen bemerken sie, dass System 1 zwar willkürlich und automatisch Daten aus dem Gedächtnis abruft, aber es immer System 2 am Ende ist, das mit diesen Daten arbeitet und schlussendlich die Urteilsfindung abschließt. Zum anderen kann man sehen, dass System 2 extrem anfällig für den verzerrenden Einfluss von Ankern ist, die schlussendlich nichts anderes bewirken, als Informationen leichter abrufbar zu machen. Zudem gilt auch hier die Gewissheit, dass wir bewusst nichts davon wissen, was da in den Untiefen von System 1 vor sich geht. Wir sind schlicht nicht so verdrahtet, als dass wir diese Impulse zurückverfolgen könnten. In der erlebbaren Wirklichkeit vor unserer Nase werden wir daher immer auf Menschen treffen, die voller Inbrunst abstreiten werden, je von solch einem Ankerwert beeinflusst worden zu sein[23]. Ganz gleich, ob wir einen Ankerwert als solchen erkennen oder nicht, wir wissen nichts darüber, wie er unser Denken lenkt und einschränkt. Wir können uns einfach nicht vorstellen, was wir denn gedacht hätten, wäre er nicht da gewesen.

Daher kann man sich vielleicht merken, dass man gut damit fährt, davon auszugehen, dass jede Zahl, die einem begegnet, einen Ankereffekt auf uns hat. Und wenn es darauf ankommt, sollte man vielleicht besser nicht gleich spontan seiner Intuition vertrauen, sondern sich bewusst machen, dass diese Ankerheuristik in uns wirkt. Wie das gehen kann und wie man bewusst mit seiner Hirnmechanik umgehen könnte, dazu findest Du im letzten Abschnitt ein paar Ideen.

VERFÜGBARKEITSHEURISTIK

Die Verfügbarkeitsheuristik ist ein weiteres gutes Beispiel für Ersetzung, also dafür, wie unser Gehirn lieber eine leichtere Frage beantwortet, als sich lang und breit damit herumzuschlagen, wie denn eine korrekte sein müsste. Man soll abschätzen, wie häufig ein Ereignis vorkommt, doch antworten wird man auf die Frage, wie leicht es einem fällt, die nötigen Beispiele für die Schätzung zu finden.

Machen wir ein konkretes Beispiel. Wenn Du in einer häuslichen Partnerschaft lebst, beantworte doch einmal folgende Frage:

Wie groß ist Dein persönlicher Beitrag beim Aufräumen der gemeinsamen Wohnung in Prozent? Jetzt stelle diese Frage Deiner Partnerin, und rechne die beiden Werte zusammen!

Diese Frage hat eine der bekanntesten Studien[24] zur Erforschung der Verfügbarkeitsheuristik tatsächlich einmal Ehepartner gestellt. Wie es zu erwarten war, addierten sich die Beiträge der Beiden auf über 100 Prozent. Die Ursache dafür liegt in der Verfügbarkeitsheuristik begründet. Beide Ehepartner erinnern sich an ihre eigenen Beiträge für die häusliche Ordnung einfach viel leichter als an die Beiträge ihres Partners. Das führt dazu, dass man das eigene Engagement leicht überschätzt. Wie Du siehst, hat eine derartige Verzerrung nicht unbedingt etwas mit einem völlig verschobenen Selbstbild zu tun, sondern liegt in der Natur unserer Verarbeitungsroutinen.

Das Ding mit der Verfügbarkeit geht aber noch weiter. Viel weiter. In den 1990er Jahren interessierte sich ein deutsches Forscherteam um Norbert Schwarz dafür, was für unsere inneren Systeme wohl mehr zählt: die Leichtigkeit, in der wir Beispiel abrufen können (*fluency*), oder die Anzahl der Beispiele, die wir finden? Dazu ließen sie ihre Probanden zwölf Beispiel für die eigene Durchsetzungsfähigkeit sammeln. Das Ergebnis war erstaunlich und lustig zugleich. Es stellte sich eindeutig heraus, dass sich die Selbsteinschätzung maßgeblich an der Leichtigkeit orientiert, mit der man Beispiel findet. Nicht an ihrer Zahl! So empfanden sich die Probanden, die mühevoll die zwölf Beispiele aus ihrer Erinnerung zusammenkramten, am Ende weniger durchsetzungsstark als diejenigen, die mit Leichtigkeit, dafür aber nur sechs Beispiele aufschrieben und es dann gut sein ließen.

Es gibt eine Menge Folgeversuche, in denen man in genau gleicher Manier derartige Ergebnisse wiederholen konnte. So glaubten zum Beispiel Menschen, nachdem sie sich an viele statt wenige Ereignisse erinnerten, an denen sie ihr Fahrrad gebraucht hatten, dass sie schlussendlich wohl wirklich wenig radeln würden. Oder Menschen waren plötzlich weniger von der Richtigkeit ihrer Entscheidung überzeugt, wenn sie viele Pro-Argumente fanden. Oder zuletzt schienen Menschen weniger von einer neuen technischen Spielerei beeindruckt zu sein, wenn sie viele Vorteile zu dieser auflisten konnten. Wissenschaft liebt eben paradoxe Ergebnisse.

Um es nun noch ganz zu verkomplizieren, sei noch bemerkt: Wenn Menschen eine Begründung dafür finden, wieso es ihnen schwerfällt, Beispiele abzurufen, dann kann sich das

Ergebnis auch umkehren. Egal wie dumpf so eine Pseudoerklärung auch ausfallen mag, die Forscher haben eindeutig zeigen können, dass der Effekt der Abrufleichtigkeit nicht mehr zum Tragen kommt, wenn man sich an so einer Pseudoerklärung orientieren kann. Der gleiche Effekt tritt auch dann auf, wenn man ein gesteigertes eigenes Interesse an seinem Urteil hat. Auch dann spielt die Zahl der abgerufenen Beispiele und die Flüssigkeit keine Rolle mehr.

Grundsätzlich zeigen derlei Studien, dass Menschen, die sich mehr von ihrem System 1 führen lassen, deutlich anfälliger für Verfügbarkeitsfehler sind als jene, die mit einem aktiven, interessierten System 2 bei der Sache sind. Übertragen auf das konkrete Erleben bedeutet das, dass wir uns schneller von so einer Heuristik wegtragen lassen, wenn wir zum Beispiel gleichzeitig uns mit anstrengenden Aufgaben beschäftigen, wenn wir gut gelaunt sind, wenn wir Macht haben oder schlicht unserer Intuition übertrieben vertrauen.

KOMBINATIONEN

Nun lässt sich die Verfügbarkeitsheuristik wunderbar mit Ankereffekten kreuzen. Versuche doch einmal spontan auf die folgenden Fragen eine Antwort zu finden.

Kommen bei Schlaganfällen oder bei Unfällen mehr Menschen zu Tode?
Sterben mehr Menschen durch einen Blitzschlag oder an einer Lebensmittelvergiftung?
Sterben mehr Menschen an Diabetes oder an Unfällen?

Nun kannst Du etwas ganz Spannendes beobachten. Der Ankerwert bei meinen Fragen steht diesmal nicht direkt mit dabei, dennoch ist er da. Er wurde nur weit vorher schon gebahnt. Deine Einschätzung von Todesursachen wird durch die Medien verzerrt. Die Häufigkeit, in der die Medien von den unterschiedlichen Möglichkeiten berichten, zu Tode zu kommen, stellt diesmal den Ankerwert für Deine Urteilsheuristik.

Es wird Dir leichter fallen, Beispiele für Unfalltote abzurufen als Beispiele für Schlaganfälle. Die Wahrheit ist nur genau umgekehrt. Schlaganfälle führen fast doppelt so oft zum Tod als alle Unfälle zusammengerechnet. Genauso ist das auch mit dem Blitzschlag. Statistisch kommen tatsächlich 52-mal mehr Menschen durch einen Blitz ums Leben als durch verdorbene Nahrung. Und schlussendlich auch das letzte Beispiel. Hier ist das Verhältnis zwischen Diabetes und einem Unfall 1:4.

Slovic und seine Kollegen zeigten damit, dass die Leichtigkeit, mit der uns Beispiele für Risiken einfallen, und die emotionale Reaktion, die wir darauf zeigen, untrennbar miteinander verbunden sind. Da wir Menschen erschreckende Gedanken und Bilder besonders leicht abrufen können, verstärkt dies unsere Angst und damit auch den Effekt. Womit wir wieder bei der Affektheuristik wären, die ich ja eingangs bereits vorgestellt habe.

ZUSAMMENGEFASST

Ich will es jetzt mal dabei belassen. Eine Menge mehr an automatisierten Prozessen unserer inneren Hirnmechanik könnte man noch ausgraben, aber klarer wird es dadurch nicht mehr. Klar geworden müsste auf jeden Fall eines sein: Das, was wir Intuition nennen, ist bei Weitem keine bedeutsame und unverfälschte Wahrheit. Intuition ist vielmehr der Impuls, Altbekanntes neu wiedererkannt zu haben. Nicht mehr und nicht weniger. Zumindest erst einmal. Da wir aber kaum wissen können, was wir alles schon einmal wahrgenommen haben, können wir gespannt sein, was alles sich erkennen lassen wird. Diese Wahrnehmungs- und Erkenntnisprozesse jedoch zu werten, ist eine ganz andere Aufgabe. Die Wahrscheinlichkeit, dass diese Impulse aufgrund vieler, unterschiedlicher Urteilsheuristiken stark verzerrt sind, ist, wie wir gesehen haben, ziemlich sicher. So sicher, dass selbst erfahrene Richter vor diesem Effekt nicht gefeit sind. Intuitiven Impulsen damit pauschal und unreflektiert folgen zu wollen, bleibt ein Risiko – zumindest dann, wenn es um etwas geht, wenn zum Beispiel die Frage nach Gandhis Todesalter (das war übrigens mit 79 Jahren) von Günther Jauch bei „Wer wird Millionär" gestellt wird und nicht nur eine kleine Denksportaufgabe in einem Buch ist.

So sollte man vielleicht besser nicht spontan sein Angebot für das neue Eigenheim abgeben, nachdem man in einem Prospekt eine erste Zahl gelesen hat. Oder vorschnell einer neuen Bekanntschaft vertrauen, nur weil man sie aus facebook kennt oder bereits irgendwo anders einmal gesehen hat. Es scheint klüger, bei Fragen, die irgendeine emotionale Befindlichkeit triggern, nicht sofort mit der Antwort herauszuplatzen. Und bei Schätzwerten hat man am besten einen Telefon-Joker zur Hand und verlässt sich nicht unreflektiert auf sein Bauchgefühl.

Dass es sie gibt, diese intuitiven Antworten aus den Tiefen unseres Gehirns, ist völlig klar. Plötzlich überraschen sie uns. Wissentlich haben wir sie nicht erzeugt. Sie sind eben da. Doch wenn man sich von der deutlich leichteren Erklärungsvariante verabschieden kann, dass diese Impulse eben nicht Vorboten einer großen, unverfälschten Weisheit sind, die einen sogleich zu durchfluten sucht, sondern diese intuitiven Impulse sich schlicht auf die perfekt funktionierende Wahrnehmungs- und Verarbeitungsmaschinerie zurückführen lassen, die wir Hirn nennen, dann kommen wir schon einen großen Schritt voran. Voran im Umgang mit diesen Intuitionen. Einem Umgang, der sich nicht gegen unsere Intuition stellt, aber sich darum müht, dieser mündig und autonom zu begegnen.

KONZEPTE

Umgangsweisen, Haltungsfragen & Perspektiven

IM FLOW!

Es ist für den einen oder andern ein vielleicht etwas befremdlicher Gedanke, seinem eigenen Gehirn mündig und autonom begegnen zu wollen, aber aus vielen Jahren therapeutischer Beratung habe ich gelernt, dass schlussendlich nahezu jeder als Problem beschriebener Zustand sich auf genau diesen Aspekt zurückführen lässt: das fehlende Erleben von Autonomie.

Ich erläutere Dir das mal an einem Beispiel: Nehmen wir an, das „Schicksal" ist morgens mit dem falschen Bein aus dem Bett gestolpert und meint es seitdem gar nicht gut mit Dir. Du verschüttest beim Frühstück den Kaffee, Dein Partner hat vergessen die Wäsche rechtzeitig in den Trockner zu schmeißen und Du musst das Hemd von gestern nochmal nehmen, das Auto springt erst nach vier Minuten an, endlich im Büro angekommen klingelt das Telefon dann auch noch ohne Unterlass, zu allem Überfluss bemerkst Du dann auch noch, dass Du Dein Pausenbrot vergessen hast, Deine kreativen Ideen finden später in der Besprechung überhaupt keine Beachtung, und wenn Du dann nach einem langen, harten Tag es endlich geschafft hast, Dich zuhause in den Sessel fallen zu lassen, ist auch noch kein Bier mehr im Kühlschrank. Ein furchtbarer Tag eben.

Auch wenn das eine etwas übertriebene Geschichte sein mag, so soll sie eines zeigen: Alle oben aufgeführten Beispiele lassen sich auf ein zentrales „Wirkelement" reduzieren. Auf ein Element, das eine Wirkung in Dir entfaltet, die Du als Problem beschreiben würdest. Und ja, es ist ein Problem, wenn man morgens knapp dran ist und dann auch noch seinen Kaffee verschüttet, nichts zum Anziehen hat und die doofe Karre nicht anspringt. Aber würde es wirklich etwas bringen, wenn man sich vornimmt, zukünftig eine Stunde früher aufzustehen? Wäre die Wirkung all dieser Ereignisse dann anders? Wäre sie! Auch ohne früher aufzustehen. Aber nur dann, wenn man sich selbst als Schöpfer dieser Missgeschicke versteht und nicht als gepeinigtes Opfer des Schicksals. Es ist richtig, dass man selbst wohl wenig dafür kann, wenn das Auto nicht anspringen mag. Aber wie man damit umgeht, wie es einem möglich ist, dieses Erleben zu bewerten, ist eine ganz andere Frage. Und in der Antwort auf diese Frage liegt auch die Lösung.

Es ist Aufgabe von System 2, die Selbstführung zu übernehmen, zu bemerken, dass man nicht das Schicksal, den Partner oder die Kollegen dafür verantwortlich machen kann, wie man das eigene Erleben gestaltet. So wird es zur Aufgabe der Selbstführung, zu bemerken, wie man mit Schuldzuweisungen eine hirnmechanische Abkürzung wählt oder mit schlechter Laune sich sein eigenes Schicksal aus dem jungfräulichen Stein eines gerade anbrechenden Tages meißelt.

Wie wir gesehen haben, ist System 2 aber recht schnell überfordert. Ein paar „Chunks" zu viel, und schon kommt man ins Rotieren. System 1 übernimmt und schaltet auf Überlebensmodus. Vollautomatisch schippert es Dich dann durch den Tag. Es entscheidet für Dich, dass es bei so viel Missgeschick besser ist, eine Abwehrhaltung einzunehmen, oder es spitzt die Ohren, wittert hinter jedem Busch gleich schon den nächsten Angriff und stellt Dich vorsorglich auf kräfteraubenden Alarmbetrieb ein.

Zurück bleibt ein zentrales Element: Das Gefühl, ausgeliefert zu sein. Weggespült von den Wogen eines grausamen Alltags und weit entfernt davon, auch nur irgendetwas wieder selbst entscheiden oder gestalten zu können. Da wir an der

Entstehung dieser Überlebensstrategien nicht beteiligt wurden, fällt es auch schwer, sie als solche wahrzunehmen. Klassischerweise wird man sich plötzlich in der Position erleben, wie man rechtfertigt, begründet und belegt. Irgendwie muss man ja wieder Boden unter die Füße bekommen[25]. Das führt nur leider nicht zum Ziel. Nach was man sich sehnt, ist genau das: sich wieder selbstbestimmt zu erleben. Es wieder selbst mitgestalten zu können, sein Leben. Es wieder selbst in der Hand zu haben, in welche Richtung der Tag läuft. Das kann man kurz gesagt Autonomiestreben nennen.

Diese Sehnsucht nach selbst gestalteter Wirklichkeit, nach eigener Wirkmächtigkeit, liegt nahezu jedem Symptom, Problem oder Konflikt zugrunde. Nur – überlassen wir die Umsetzung dieser Sehnsucht unseren unbewussten, intuitiven und von System 1 entschiedenen Strategien, landen wir zwangsläufig im „Außen". Es ist schlicht leichter, geht schneller und ist zudem noch viel ökonomischer, alles und jeden, nur nicht sich selbst in Frage zu stellen. Dieser Prozess ist normal. Er ist unsere Alltagswirklichkeit. Und es lässt sich auch nichts daran ändern.

Wir können derlei intuitive Denkfehler und kognitive Verzerrung nicht vermeiden, sie geschehen nun mal. Sie geschehen deshalb, weil System 2 nichts von ihnen ahnt, sie nicht kommen sieht und sich plötzlich von einer inneren Realität umflutet erlebt, die es gar nicht anders kann, als sie als Wirklichkeit zu beschreiben. Es ist schon ein wenig wagemutig, diese eigene Wirklichkeit, das, was wir in aller Regel mit einem „Das ist halt so!" abnicken, plötzlich in Frage zu stellen. Aber genau darin liegt auch die Chance. Genau an diesem Punkt liegt die Möglichkeit, die eigene Wirkmächtigkeit wieder zu entfalten.

WIDERSTAND WANDELN, FOKUS ÖFFNEN

Viel zu viel Energie verpulvern wir nach allen Regeln der Kunst meist darin, uns gegen alles Mögliche aufzulehnen. Wir gehen in Widerstand. Was uns nicht passt, soll nicht sein. Die Spielvarianten unseres Widerstands sind nahezu unerschöpflich. Ob wir abenteuerliche Begründungen suchen und engagiert vertreten, ob wir Schuldige suchen, ob wir uns verweigern, für unmöglich halten, nicht glauben wollen oder sonst uns in irgendeiner Art verschließen, der Effekt von Widerstand ist immer der Gleiche. Verschließen kostet Kraft und Energie. Eine ganze Menge sogar.

Eine solche mentale Höchstleistung fordert aber auch noch einen ganz anderen Preis. Nicht nur, dass wir die kurze Freude genießen können, unseren Standpunkt erfolgreich verteidigt zu haben, auch macht uns solch ein mentaler Sprint faktisch blind. Wissenschaftliche Experimente haben gezeigt, dass wir unter Stress tatsächlich kaum noch mehr sehen als das, was uns gerade vor der Nase schwebt. Alles andere blenden wir aus. Dieser Effekt tritt nun nicht nur optisch ein. Die gleiche Fokussierung geschieht auch innerlich. Umso mehr Energie wir für unsere Verteidigungs- und Rechtfertigungsreden verbraten, desto weniger werden wir offen für Aspekte, die unser Erleben wünschenswert verändern könnten. In einem anderen Kontext nennt man eine solche Fokussierung auch: Trance. Eine Problemtrance ist entstanden[26].

Die Lösung, dieser Steilspirale zu entkommen, liegt im Gemütszustand. So einfach, wie es klingt, ist es nur leider nicht immer. Dennoch, der Weg ist der richtige. Achtet man darauf, sich eine entspannte innere Haltung zu bewahren, währt man dem drohenden Zusammenbruch der eigenen Wahrnehmung und damit dem Entstehen der Problemtrance. Der Fokus bleibt offen, bleibt spielerisch und man selbst im Flow.

HUMOR IST,
WENN MAN ÜBER SICH SELBST LACHT

Mit einer entspannten, inneren Haltung nimmt man sich auch selbst nicht allzu ernst. Der Fokus bleibt offen, die Wahrnehmung des sich verändernden Gemütszustands möglich und damit auch Entscheidungs- und Verhaltensalternativen erreichbar, die sonst undenkbar wären. Humor ist ein Rezept, das nahezu immer seine befreiende Wirkung entfalten kann. Fragt man sich, wie man diese oder jene Situation auf eine humoreske Art und Weise auch sehen könnte, entspannt man sofort. Glückshormone werden ausgeschüttet, Ressourcen wieder einfach zugänglich.

Vor langer Zeit einmal, als ich für eine Zeit in Orlando, USA, meine Ausbildung bei Richard Bandler zum NLP-Trainer in der Society of NLP zu Ende brachte, signierte der Erfinder des Neuro Linguitischen Programmierens mir eines seiner Bücher mit dem Spruch: „Find the Joy in everything!" Lange Jahre wusste ich nicht recht viel damit anzufangen, bis mir irgendwann ein Licht aufging. Auf NLP-Deutsch würde man von einem Frame sprechen. Womöglichen einem ReFrame. Auf Normal-deutsch von der Möglichkeit, Dinge und Situationen einfach aus einer anderen Perspektive zu sehen. Aber nicht aus irgendeiner, sondern aus einer Perspektive, die das Leichte, das Lustige, das Beschwingte erwartet. Das ist etwas ganz anderes als dieser verkrampfte Wahn, alles krampfhaft „positiv sehen" zu müssen. Bei einer Perspektive, die auf Leichtigkeit und auf Humor ausgelegt ist, verbiegt man nicht die Realität, deutet nichts um oder ersetzt Dinge, die einem nicht passen, mit Phantasieleistungen. Sucht man nach der Freude und dem Spaß in allen Dingen, darf alles bleiben, wie es ist, nur die eigene Haltung wandelt sich. Aus verbissenem Rechtfertigungsdruck wird ein leicht zugänglicher Erlebnisraum. Aus Widerstand ein Positions-Roulette. Und aus intuitiver Fremdsteuerung eine autonome Inszenierung mit offenem Ende.

Dafür braucht es ein entspanntes System 2. Dafür braucht es aber auch Entschlusskraft. Und man muss es wollen! Die Perspektive zu wechseln, hin zu einer, die eine entspannte Wirkung entfalten kann, wird auch automatisch verhindern, sich gegen die eigenen Bedürfnisse und Impulse zu stellen. Das, was die Baumeistergruppe zeigen konnte, dass Selbsterschöpfung (Ego-Depletion) besonders dann schnell entsteht, wenn man sich im Widerstand befindet, kann mit einem Zwinkern im Auge nur schwer gelingen. Erschöpfung und die damit einhergehende sinkende Frustrationstoleranz werden sich nicht einstellen. Die Möglichkeit, sich als wirkendes, autonomes Wesen zu erleben, wird erreichbar.

DAS GEGENTEIL DENKEN

Wir haben auch gesehen, dass Ankereffekte allgegenwärtig sind. Mal mehr aufgrund des Priming-Effekts, mal mehr aufgrund eines faulen Systems 2, das sich nicht anpassen will. Kaum schwirrt ein Ankerwert durch den Raum, richtet sich in uns schon alles danach aus. Ob es eine Jahreszahl ist, das Strafmaß für Ladendiebe oder das Kaufangebot, das wir abzugeben haben. Wehe dem, der zuvor mit irgendeiner Zahl oder irgendeinem vorausgehenden Wert konfrontiert wurde. Die Wahrscheinlichkeit, dass wir von diesem Wert beeinflusst wurden, liegt bei nahezu einhundert Prozent.

Wir haben gesehen, dass wir empfänglicher für Suggestionen sind, als es uns lieb ist. Für die eigenen Manipulationsstrategien ist dies eine unvorstellbare Ressource. Für die eigene Empfänglichkeit gegenüber der Einflussnahme anderer aber auch. Eine gute Strategie mag daher sein, vor dem vorschnell getroffenen Urteil so etwas zu tun, wie das Gegenteil zu denken. Bei Zahlenwerten empfiehlt sich daher neben einer hohen Zahl eine niedrige zu setzen (und umgekehrt). Bei Fragen mit langer Einleitung eine Alternativgeschichte zu erfinden. Bei Aufzählungen und Schätzfragen empfiehlt es sich, beliebig andere Werte zu nehmen. Und in Kontexten, in denen man sich frei von jeglicher Einflussnahme fühlt, empfiehlt es sich, eine kontrastierende Position zu finden. Rein als Gedankenspiel. Ein Gedankenspiel jedoch, das die verzerrten Effekte beseitigen kann, die zu diesen Anker- und Priming-Effekten führten, und damit wieder den Raum schafft, klare intuitive Impulse wahrnehmen zu können.

ALS OB MAN HINTER DEN GRENZEN ...

Oftmals sind wir in unseren Gedankenwelten derart gefangen, dass wir überhaupt nicht bemerken, wie mächtig die Scheuklappen sind, mit denen wir durchs Leben eiern. Ein Gespräch mit einem Freund, einem Berater oder der Bäckereifachverkäuferin kann da manchmal Wunder bewirken. Wunder deshalb, weil diese Menschen im Idealfall einen völlig anderen Zugangsweg zu unserer als problematisch erlebten Wirklichkeit haben. Umso mehr diese Gesprächspartner in unserer gewünschten Lösungswirklichkeit stehen, desto kraftvoller erleben wir das Gespräch. Wir sind wieder motiviert. Wir sind wieder engagiert. Wir halten es wieder für möglich, dass auch wir es schaffen können.

Da, wo vor ein paar Momenten unsere verzerrte Intuition uns noch abzuhalten suchte, möglichst keinen Schritt mehr in auch nur irgendeine Richtung zu gehen, öffnen sich mit solch einer Lösungsvision wieder ganz neue Wege. Nur haben wir nicht immer und zu aller Zeit solch einen guten Berater an unserer Seite stehen. Wir stehen selbst an dem Punkt, an dem wir zum einen die verzerrte Hirnmechanik wieder schmieren müssen und zum anderen eine Lösungsvision zu gestalten haben, auf die es sich hin zu leben lohnt.

Ich habe es in meiner langjährigen Praxis noch nie erlebt, dass ein Klient vor mir saß, der auf einmal eine Zielvision entwickelte, die völlig utopisch war. Eher das Gegenteil ist der Fall. Mir begegnen Menschen, die sich oftmals nicht trauen, über ihre eigenen Grenzen zu denken. Ihre Intuition sagt ihnen: „Bis hier hin und nicht weiter. Das ist auch schon genug für Dich!" oder so ähnlich. Diese im besten Fall noch als bescheiden beschreibbaren Ziele haben jedoch selten die Attraktion, dass es sich für sie lohnen würde zu gehen. So dreht man sich zwangsläufig im Kreis. Das Ziel will man nicht so wirklich, im eigenen Sumpf aber weiterhin sitzen will man auch nicht. Es ist verflixt.

Ein Konzept für diesen Irrweg kann sein, sich bewusst und herausfordernd zu fragen; nicht: „Wo will ich eigentlich hin? Welches Ziel will ich erreichen?" (im Wissen darum, dass man sowieso nur bis zu seinen eigenen Grenzen zu denken geneigt sein wird), sondern sich bewusst zu fragen: „Wie müsste diese oder jene Situation im Ideal sich entwickeln? Einem Ideal zu meinem Besten, zum Besten meines Nächsten und weit darüber hinaus? Wie würde sich dieses Ideal dann anfühlen? Welche

Wirkung würde es entfalten? Wie würde ich mich fühlen? Was würden andere sagen, wenn sie sehen, wie ich mein Ideal lebe? Wie würde ich mich dann kleiden? Wie bewegen? Was würde ich morgens direkt nach dem Aufstehen und lange bevor das Schicksal erwacht dann als Erstes tun?" Und so weiter.

Die Frage nach der Blaupause, nach dem Ideal, die Frage danach, wie diese oder jene Situation eigentlich sein müsste, damit alle Beteiligten ein Optimum aus ihr ziehen könnten, weist weit über die eigenen Grenzen hinaus. Bewusst triggert so System 2 die Netzwerke von System 1. Passende, intuitive und zielführende Impulse garantiert.

FÜR MÖGLICH HALTEN

Wenn man lernt, über die Normalität seiner eigenen Grenzen hinauszudenken, dann relativieren sich auch die Verzerrungen der eigenen Urteilsheuristik.

Ein Staatsbeamter in leitender Position fühlte sich nicht sonderlich gut mit den Personalgesprächen, die er regelmäßig zu führen hatte. Oft drehten sie sich im Kreis oder brachten keine mittelfristigen noch langfristigen Ergebnisse. Mit Engelzungen – so berichtete er – hätte er versucht auf seine Mitarbeiter einzuwirken. Das einzige Ergebnis, das sich jedoch einstellte, war Erschöpfung. Auf allen Seiten.

Im Gespräch stellte sich heraus, dass er ein klar reflektiertes Bild von seinen Möglichkeiten und den Möglichkeiten seiner Mitarbeiter hatte. „Bis hier hin, und nicht weiter!" war eine Ausrichtung, die nicht nur gewohnt war, sondern auch Sicherheit versprach. Nur eines brachte sie eben nicht: Veränderung.

Intuitiv ging er so bei kritischen Gesprächen vorsorglich auf Abstand. Wenn auch nur innerlich. Bei einer heißen Tasse Tee und ein wenig Kuchen begeisterte er sich jedoch zunehmend für die Idee, über die eigenen Grenzen nach einer Vision zu suchen, wie idealerweise seine Gespräche ablaufen könnten. Nach einer kreativen Pause mit dem Ergebnis einer klaren, inneren Zielvision hielt er es für möglich. Er hielt es deutlich mehr für möglich, dass sich die Qualität und die Ergebnisse, die gewöhnlich sich in diesem Ritual einstellten, nun eine völlig neue Richtung bekommen könnten. Und so macht er sich auf in eine neue Runde Personalgespräche.

Die Ergebnisse, die er mir in der nächsten Stunde vorstellte, überraschten auch mich. Ein Flow hatte sich eingestellt. Nähe war möglich geworden. Inhalte, auch die kritischen konnten besprochen werden, ohne auf Abwehr und Widerstand zu stoßen. Im Gegenteil sogar! Engagement und Motivation hätten sich eingestellt, so lautete sein Bericht. Seine neu entwickelte „Autonomie-Heuristik" hatte funktioniert. Intuitiv hatte sich ein Flow eingestellt, den wir alleine aus System 2 heraus nicht bewerkstelligen können. Mit einer klaren Zielvision für System 1 und dem eigenen Glauben daran jedoch ein intuitives Kinderspiel.

EINFACH MAL ANDERS

Ein letztes Beispiel möchte ich noch anführen, bevor ich mich an die Zusammenfassung machen werde. Ich möchte Dir noch ein Konzept vorstellen, das mich mehr als viele andere immer wieder begeistert. Die Idee hierfür ist nicht neu, gerade eben habe ich sie schon einmal vorgeschlagen. Aber sie hat weitreichende Wirkung, wenn wir sie als so etwas nehmen, was ich mal „Mentales-Yoga" nennen will.

Zu einem Yoga-Meister wird man nur durch Übung. Vielleicht hat ja nicht jeder das Ziel, gleich Meisterschaft erlangen zu wollen. Muss ja auch gar nicht sein. Auch schon ein wenig Übung, diese aber regelmäßig ausgeführt, macht den Körper geschmeidig, deutlich dehnbarer und man fühlt sich vitaler und gesünder als je zuvor. Ich weiß, wovon ich spreche, immerhin lebe ich ja mit einer angehenden Yoga-Lehrerin zusammen.

Ähnlich ist es beim „Mental-Yoga". Auch hier geht es darum, bewusst und willentlich mit System 2 sein auf Normalität, Gleichmäßigkeit und Ökonomie gepoltes System 1 wieder in Schwung zu bringen. Dehnbarer zu bekommen. Elastischer. Flexibler. System 1 ist es nicht gewohnt, ganz neue Wege zu gehen. Seit Anbeginn knüpft es an ein und demselben Paar Socken, vernetzt die Maschen mit der Zeit mehr und mehr und sieht überhaupt keine Notwendigkeit, auch nur irgendetwas anderes zu machen.

Das Ergebnis ist dabei aber auch grundsätzlich immer das Gleiche. Wenn wir seit unserer Pubertät uns abgewöhnt haben, neue Horizonte entdecken zu wollen, mit Drachen zu kämpfen oder mit einem Einhorn über die Weiten von Auenland zu galoppieren, dann dürfen wir in unserem Alltag auch nicht sonderlich enttäuscht sein, wenn sich kein Wunder einstellt. Dem lässt sich Abhilfe schaffen.

Um unsere beiden Systeme in Schwung zu bringen, reicht es aus, beide zu einer spannenden Gruppenarbeit einzuladen. System 2 bekommt dabei die Aufgabe, sich für mindestens einmal in der Woche zu überlegen, wie man etwas völlig anders machen könnte. System 1 soll es mit den nötigen intuitiven Impulsen dabei unterstützen. Verstehe mich nicht falsch, es geht nicht darum, einen Tandem-Sprung zu buchen, den Mount Everest zu besteigen oder mit dem Fahrrad einmal um die Welt zu radeln. Es geht darum, bewusst die gewohnten Routinen im Laufe einer Woche zu identifizieren. Nicht um sie zu ändern, zu kritisieren oder umzumodeln, sondern lediglich um ein einziges Mal in der Woche einen ganz anderen, einen neuen Weg zu gehen. Das schafft neue Reize. Neue Impulse. Neue Netzwerke müssen gehäkelt, neue Verknüpfungen angelegt werden.

Es reicht, einen neuen Weg zur Arbeit zu nutzen; statt mit dem Auto mal mit der Bahn zu fahren; seinem Schatz das Frühstück ans Bett zu bringen (wenn man das ansonsten nicht macht); mal ein ganz neues Gericht ausprobieren zu kochen; sich mit dem Bettler ums Eck mal fünf Minuten unterhalten; oder sich gemeinsam zu einem Tanzkurs anzumelden. Was auch immer – einfach einmal etwas ganz anderes zu tun, und das regelmäßig, macht nicht nur das Leben bunter, sondern schult vielmehr das eigene Gestalten von Selbstführung, Wirkmächtigkeit und Autonomie.

Auf Deine Intuition hat das natürlich auch Einfluss. Selbstverständlich sogar. Probiere es aus.

ZUSAMMENGEFASST

Intuition – ein Irrweg? Mit Sicherheit ein klares: JAIN! Es kommt ganz auf die Kompetenz des Nutzers an, sein System 2 zu gebrauchen. Das sollten zumindest die vorangegangenen Ausführungen zeigen. Einfach den unbewusst und intuitiv daherplätschernden Impulsen stets brav zu folgen, ist mit Sicherheit keine besonders gute Wahl. Zumindest dann nicht, wenn man einen Moment Zeit hat, sein automatisch getroffenes Urteil zu überprüfen. So viel Zeit wird man in aller Regel haben, wenn man nicht gerade damit beschäftigt ist, um sein Überleben zu kämpfen.

Zu vielfältig sind die Fehlleistungen unseres Gehirns, zu träge und faul, zu sehr auf Ökonomie und Systemerhalt ist es getrimmt, als dass man ihm blindlings und vor allem bei jeder Gelegenheit das Ruder überlassen sollte. Die Kunst liegt darin, eine Haltung zu finden, die man vielleicht am ehesten aus der Meditation oder dem Buddhismus kennt und man am besten als „absichtsloses Betrachten" beschreiben könnte. Mit einem wachen „Beobachter" lässt sich so (a) wahrnehmen, was da an Gedanken, Gefühlen und Vorentscheidungen in einem entsteht, (b) mit wenigen grundsätzlichen Erklärungsmodellen dieses Verarbeitungsprozesses selbst verstehen und daraufhin prüfen, ob deren Auswirkungen gewünscht sind, (c) eine sich selbst bewusste (autonome) Entscheidung treffen und schlussendlich (d) diese dann auch umsetzen.

Da der „emotionale Schwanz stets mit dem rationalen Hund" herumwedeln wird, dass sich also bewusste, neue Entscheidungen nicht unbedingt sofort als Offenbarung anfühlen werden, davon ist auszugehen. Doch mit ein wenig Übung und dem Gespür dafür, wann es sinnvoll ist, sich in die Mechanik seines Gehirns einzumischen und wann nicht, lässt sich auch die Musterverliebtheit des Gehirns für die „eigenen Zwecke" nutzen. Auch wenn wir nichts davon wissen, wann, wo, wie und warum welche Impulse tief in den Windungen unseres Gehirns entstehen, und sich diese Impulse auch nicht zurückverfolgen lassen, so können wir uns dennoch aktiv daran beteiligen, dass ein neues „Entscheidungs-Netzwerk" entsteht. „Autonomie-Heuristik" würde ich es wohl nennen, ein Entscheidungs-Netzwerk eben, das sich nicht gegen einen selbst richtet, aber mit stetiger Übung fähig wird, kompetent und erfolgreich intuitive Impulse zu lenken.

Trainieren lässt sich dieses Netzwerk recht leicht. Hunderte und tausende Entscheidungen treffen wir Menschen im Laufe eines Tages, und nur um eine Handvoll von diesen geht es. Diese Handvoll Entscheidungen alleine schon bewusst wahrzunehmen und sie zu verstehen zu beginnen, wird nach der Systemtheorie schon vieles verändern. Nur ein Element gilt es in seinem gewohnten Ablaufmuster zu ändern, es geht nicht darum, gleich alles auf den Kopf zu stellen. In einem ausbalancierten System genügt es (gem. den Systemtheorien) dieses eine Element anzupacken, und das gesamte System wird sich neu organisieren. Ein neues Muster entsteht.

Diese „neue Bewegung" lässt sich, wenn wir sie kultivieren, als persönliches Wachstum erleben. Sie öffnet die Grenzen unserer Gewohnheiten und wird einen Weg ermöglichen, klarer, tiefer und bewusster mit dem umzugehen, was wir Intuition nennen. Dann kann aus einem „Irr-Weg" ein „Grals-Weg" werden und Intuition wird nicht länger geheimnisvoll und willkürlich vor sich hin wirken, sondern zu einem kompetenten Berater an der Seite einer starken und klaren inneren Führungspersönlichkeit.

AM RANDE BEMERKT

Was ich noch sagen wollte, ...

1.   Ja. Richtig gelesen. Ich duze Dich schon wieder. Immerhin kennen wir uns ja jetzt schon eine ganze Weile. Wenn wir im Handbuch Manipulation begonnen haben, diesen Weg gemeinsam zu gehen, dann dürften das schon etliche Stunden, Tage und Wochen sein. Ich weiß, dass einige unter Euch das Du als befremdlich erleben und nicht sonderlich mögen. Doch mir hat es in all den Jahren, in denen ich als Therapeut und Coach tätig bin, nie eingeleuchtet, wie man gemeinsam in die Tiefe miteinander wachsen soll, wenn ein Sie stets darauf bedacht ist, die sichere Distanz zu wahren. Ein bisschen Mut braucht es schon. Von beiden Seiten. Und ich mache ja den ersten Schritt mit diesem Buch.

2.   Jetzt steinigen mich wahrscheinlich wieder die Leser unter Euch, die meine saloppe Ausdrucksweise nicht mögen. Ich bitte Euch, mir das zu verzeihen. Doch habe ich in all den Jahren vor allem eines verstanden: Neues lernen fällt am leichtesten, wenn man Spaß dabei hat. Und Spaß drückt sich körperlich über ein zumindest leichtes Lächeln im Gesicht aus. Dieses Lächeln wirkt – streng wissenschaftlich ergründet – auch als Signalreiz, System 1 zu aktivieren. Und nur System 1 wirkt mit einer Art von Charme, die wir als Flow erleben.

3.   Becker, Jan. Das Geheimnis der Intuition: Wie man spürt, was man nicht wissen kann. Piper. 2014.

4.   Eine unglaublich Gute Einführung und Übersicht über die Arbeitsweise der zwei Systeme zeigt Daniel Kahneman in seinem neuen Buch: Schnelles Denken, langsames Denken. Wer sich also in die Materie der Kognitionspsychologie vertiefen will, um die Frage zu klären, wieso unser Gehirn nichts mit Statistik am Hut hat, dem muss ich ganz unbedingt dieses unglaublich gute Buch empfehlen. Lass Dich nicht von den 600 Seiten abschrecken. Sie lohnen sich wirklich zu lesen. Vieles von dem findest du auch in diesem Arbeitsheft wieder.

5.   Unter dem Stichwort: Aufmerksamkeitstraining geistert schon seit etlichen Jahren ein Filmchen durchs Netz, in dem der Zuschauer aufgefordert wird, die Ballwechsel einer von zwei Mannschaften zu zählen. Vielen gelingt es auch, die korrekte Anzahl der Ballwechsel zu registrieren. Was vielen dabei aber entgeht, ist, dass in der Mitte des Filmchens ein Gorilla quer durchs Bild latscht. Nach diesem Affen befragt, können die meisten es kaum glauben, dass ihnen das entgangen ist. Christopher Chabris und Daniel Simons berichten über diesen Effekt in ihrem Buch: Der unsichtbare Gorilla.

6.   Derren Brown ist ein nicht nur in England bekannter Mentalist. Durch seine bunte Mischung zwischen Mentalmagie und angewandter psychologischer Forschungsarbeit demonstriert er Effekte menschlichen Handelns, die man kaum für möglich halten würde. Immer wieder gelingt es auch einfachen Zuschauern, diese Effekte ohne größere Übung zu reproduzieren. Zu diesen gehört auch der sogenannte „Person Swap". In einer klassischen Situation, in der ein „Fremder" einen Passanten nach dem Weg fragt, wird der Fragende durch

einen inszenierten „Zwischenfall" gegen eine andere Person ausgetauscht. Das Erstaunliche dabei ist: Fast keinem befragten Passanten fällt dieser Austausch auf.

7.   Sicher, auch System 1 lässt sich ausschalten. Aber nicht im Kontext einer regulären Alltagswirklichkeit. Dazu muss man schon ein wenig aus der Reihe tanzen und sich mit Meditation oder 8   Tieftrancen beschäftigen. In diesen besonderen Zuständen scheint es möglich, System 1 auch zur Ruhe zu kriegen. Ich schätze nur, die wenigsten unter uns haben sich darin trainiert, sodass sich die Aussage im Text „System 1 lässt sich nicht abschalten" als grundsätzliche Aussage durchaus vertreten lässt.

8.   Streifzüge haben etwas Tückisches, muss ich gestehen. Man fängt unheimlich schnell Feuer, an diesen kleinen Ausflügen in ein unbekanntes Land. Umso mehr man mit der Zeit entdeckt, desto weniger kann man sich erinnern, wo man einmal gestartet ist. Die Vergangenheit schreibt sich in dem Maße um, wie wir unsere Grenzen im Hier und Jetzt neu setzen.

9.   Vgl. Kahnemann, D., 2014. Die Psychologie der Verfügbarkeit zeigt, dass die Leichtigkeit und Flüssigkeit (fluency), in der Kriterien für eine Entscheidung abgerufen werden können, entscheidend für das Gefühl von Zufriedenheit ist. Lange innere Diskussionen um Pros und Kontras führen daher selten zu einem befriedigenden Ergebnis. (Schnelle intuitive Entscheidungen führen hingegen selten zu Neuem oder persönlicher Entwicklung.)

10.   Vgl. Taleb. Nassim: Der Schwarze Schwan. Wenn diese intuitiven Empfehlungen auf der Grundlage einer „narrativen Verzerrung" bauen sollten, also auf einer fehlerhaften Geschichte über unsere Vergangenheit, dann dürfen wir nicht verwundert sein, wenn die Qualität unserer Entwicklung sich kaum ändern wird. Vor allem dann nicht, wenn sie sich „richtig" anzufühlen scheint, da ja das Empfinden von „richtig" weitgehend auf der Verfügbarkeit von Informationen und der Leichtigkeit, diese abzurufen, beruht.

11.   Vgl.: Csikszentmihalyi, Mihaly: Flow: Das Geheimnis des Glücks.

12.   Joseph T. McGuire und Matthew M. Botvinick haben in ihrer gemeinsamen Arbeit: „Prefrontal Cortex, Cognitive Control, and the Registration of Decision Costs", PNAS 107. 2010. 7922 ff., eine Region in unserem Gehirn gefunden, die für die Berechnung des Gesamtwerts einer Handlung zuständig ist, sobald sie ausgeführt wurde. Der Anstrengungsaufwand wird bei der neuronalen Berechnung dabei als Kostenpunkt gewertet.

13.   Vgl. Evans, Jonathan: „In two minds: dual-process accounts of reasoning" TRENDS in Cognitive Sciences Vol.7 No.10. 2003.

14.   Ian Begg et al.: On Believing What We Remember" Zitiert von Kahneman, Daniel: Schnelles Denken, langsames Denken. Dieser Artikel ist leider nur kostenpflichtig zu beziehen. Daher habe ich ihn aus der „Zweitquelle" bei Kahneman zitiert.

15. Vgl. Herbert A. Simon: "What is an Explenation of Behaviour?".

16. Du wirst wiedererkannt haben, dass wichtige Informationen in der Regel stets weit vorne bzw. an erster Stelle aufgeführt werden bzw. dass dick markierten Informationen stets eine besondere Gewichtung zukommt.

17. Laut den Profis lassen sich intuitive Treffer verdoppeln, wenn man sich entspannt und sein System 2 weitgehend davon abhält, sich einzumischen, und sich in eine sehr gute Stimmung versetzt.

18. Vgl. Adam Alter und Daniel Oppenheimer.

19. Vgl. Daniel Kahneman, 2014.

20. Vgl. Strack, Martin und Schwarz. 1988.

21. Das Wort „Heuristik" kommt aus dem Griechischen und bedeutet so viel wie: „Was dazu dient, zu finden, zu entdecken". Vgl. Goldstein und Gigerenzer. 2002.

22. Um genau zu sein, differierte der mittlere Schätzwert um 171 Meter. So mächtig schlägt die Ankeheuristik zu, wenn sie keinen bekannten Bezugswert hat und allein auf den Ankerwert angewiesen ist.

23. Selbstbestätigungszwang nennt man diesen Effekt übrigens auch.

24. Vgl. Ross, Michael und Sicoly, Fiore. 1979.

25. Der schon oft erwähnte Selbstbestätigungszwang startet hier nun voll durch. Als letzten Halm im Sturm greift man zu, klammert sich an ihn und lässt nicht mehr locker. Da unser tägliches Erleben sich aber immer in Systemen abspielt, die wechselwirkend und vor allem rückbezüglich sind, beginnt man so ganz unmerklich, aber stetig, sich seine eigene Grube zu schaufeln.

26. Vgl.: Handbuch Manipulation, Problemtrance – Wenn das Problem zur Lösung wird. 2014.

QUELLEN

Was sich zu lesen lohnt

Alter, Adam & Oppenheimer, Daniel M.: Predicting short-term stock fluctuations by using processing fluency. PNAS 103. 2006

Begg, Ian, Armour, Victoria, et al.: On Believing What We Remember. Canadian Journal of Behavioural Science 17. 1985. 199–214

Ciccotti, Serge: 150 Psychologische Aha-Experimente. Spektrum. 2011

Csikszentmihalyi, Mihaly: Flow: Das Geheimnis des Glücks. Klett-Cotta; Auflage: 17., Aufl. (15. August 2014)

Chabris, Christopher, Simons, Daniel: Der unsichtbare Gorilla: Wie unser Gehirn sich täuschen lässt. Piper. 3. Auflage. 2011

Chaplin, William F., et al.: Handshaking, Gender, Personality, and First Impressions. Journal of Personality and Social Psychology, 2000, Vol. 79, No. 1, 110–117

Evans, J., Frankish, K.: "In Two Minds: Dual Procesesses and Beyond. 2009. New York

Evans, Jonathan: In two minds: dual-process accounts of reasoning. TRENDS in Cognitive Sciences. Vol.7 No.10. 2003

Goldstein, G. D., Gigerenzer, G.: Models of ecological rationality, The recognition heuristic. Psychological Review 109. 2002. 75–90

Kahneman, D.: Thinking, fast and Slow. Siedler Verlag; Auflage: 22. 2012

McGuire, Joseph T., Botvinick, Matthew M.: Prefrontal Cortex, Cognitive Control, and the Registration of Decision Costs. PNAS 107. 2010. 7922 ff.

Mussweiler, Th., Englich, B., Strack, F.: Playing Dice with Criminal Sentences: The Influence of Irrelevant Anchors on Experts´ Judicial Decision Making. Personality and Social Psychology Bulletin 32. 2006. 188–200

Pólya, George: Schule des Denkens – vom Lösen mathematischer Probleme. Francke. 4. Aufl. 1995.

Ross, M., Sicoly, F.: Egocentric Biases in Availability and Attribution. Journal of Personality and Social Psychology 37. 1979. 322–336

Simon, Herbert A.: What is an Explenation of Behaviour? Psychological Science 3. 1992. 150–161

Stanivich, K., West, Richard F.: Individual Reasoning: Implications for the Rationality Debate. Behaviour and Brain Science 23. 2000. 645–665

Strack, Fritz, Martin, Leonard L., Schwarz, Norbert: Priming and Communication: Social Determinants of Information Use in Judgments of Life Satisfaction. European Journal of Social Psychology 18. 1988. 429–442

Taleb, Nassim N.: Der Schwarze Schwan: Die Macht höchst unwahrscheinlicher Ereignisse. Deutscher Taschenbuch Verlag. 2010

Zajonc, Robert B.: Attitudinal Effects of Mere Exposure. Journal of Personality and Social Psychology 9. 1968. 1–17

Zajonc, Robert B.: Exposure and Affect: A Field Experiment. Psychonomic Science 17. 1969. 216–217

ÜBER DAS PROJEKT

Was Du noch wissen solltest

ÜBER DEN AUTOR

Mein Name ist Eike Rappmund. Ich bin Jahrgang 1973, Vater von drei Kindern, studierter Diplom Sozial-Pädagoge, Trainer für: NLP, nlpK, Hypnosetherapie, Marketing & Kommunikation und beschäftigt mich seit über zwanzig Jahren mit Autonomiekonzepten für einen verlebendigenden Umgang mit der eigenen Psyche. Ich arbeitet als Autor, Coach und Trainer in Weinheim an der Bergstrasse und stehe für eine fixe Idee, die ich metaphorisch als: **„Autonomie-Heuristik"** beschreibe. Darunter verstehe ich die kraftvolle Entwicklung der autonomen Selbstführungskräfte, mit denen ein jeder sich ohne Widerstand, Flucht und Resignation durch die Fülle des eigenen Lebens manövrieren kann. Hierzu gehören meiner Meinung nach immer vier Aspekte: 1. die Fähigkeit wahrzunehmen, 2. die Kompetenz zu verstehen, 3. die Lust sich neu auszurichten und schlussendlich 4. der Mut auch ins Tun zu kommen. Dieser „Vierschritt" zieht sich grundsätzlich durch alle Entwicklungsstufen, egal zu welcher Zeit und gleichgültig in welchem Lebensabschnitt man sich befindet, oder welcher Lebensbereich im Fokus steht. Das Projekt: „Handbuch Manipulation" soll vor allem einen Beitrag dazu beisteuern: Klarheit darüber gewinnen, welche Mechanismen einen im Alltag fernsteuern.

ARBEITSHEFTE UND WORKBOOKS

Das „Handbuch Manipulation" ist mehr als nur ein Buch. Es ist ein Projekt. Ein Projekt das auf dem Grundlagenwerk und Bestseller „Handbuch Manipulation" basiert. Im Handbuch beschreibe ich in einem großen Bogen, wie der Mensch so tickt. Von der Evolution, über die eigenen Bedürfnisse, bis hin zu den Wirkungsweisen der Hirnmechanik und ihren Auswirkungen auf nonverbale-, verbale-, und systemische Manipulation stecke ich den Erlebnisraum für die eigene Entwicklung ab.

Da niemals alles zur gleichen Zeit „dran" sein kann, erscheinen regelmäßig einzelne Arbeitshefte oder -Bücher (je nach Umfang) um Deinem individuellen Neigungen zur eigenen Entwicklung und Weiterbildung Rechnung zu tragen. Mit diesen kannst Du Dich dann entscheiden, welchen Weg Du thematisch weitergehst: willst Du Deine Hirnmechanik besser kennenlernen? Mehr über Körpersprache und nonverbale Manipulationsrituale wissen? Deine verbalen Möglichkeiten und Fallen verstehen lernen? Oder die komplexen Spielregeln in Systemen auseinandernehmen?

Ein bis zwei Mal im Jahr fasse ich dann alle relevanten Einzelthemen zu einem großen Wurf zusammen. Das ist dann das Workbook. Insgesamt fünf Workbboks gibt es, die entlang einer Metapher alle Bereiche Schritt für Schritt in die Tiefe beleuchten.

Wenn Du das ganze Projekt lieber multimedial erleben willst, informiere Dich gerne auf der WebSite zum Buch: www.handbuch-manipulation.de darüber, wann ich in Deiner Nähe ein Vortrag oder Workshop anbiete

BEZUGSMÖGLICHKEITEN

Alle Veröffentlichungen bekommst Du in meinem Shop, bei amazon, oder bei dem (Online-)Buchhändler Deiner Wahl. Manche Ausgaben gibt es nur auf meiner Seite. Über meinen Newsletter informiere ich Dich gerne über spezielle Sonderthemen.

Alle Bücher oder Hefte stehen Dir in den gängigen eBook-Formaten und als .pdf-Datei über meinen Shop zum Download bereit. Als Abonnent erhältst Du alle Ausgaben regelmäßig und automatisch zugemailt. Mit einem Study-Account kannst Du auf meiner WebSite auf alle Quellen und wissenschaftliche Forschungsberichte zugreifen, die ich für meine Arbeit selber nutze.

THEMEN DIE DICH INTERESSIEREN KÖNNTEN

Da Du Dich für den Kauf dieses Buches entschieden hast, interessiert Dich wahrscheinlich, was es noch alles so zu wissen gibt. Vielleicht wirst Du bei einem der folgenden Themen fündig:

- Dieses Buch: „Effektvolle Vorurteile" ist Teil des Workbook II in dem Du alles rund um den Aufbau von Beziehungen und deren Beeinflussung erfährst.

Ergänzend hierzu findest Du aus dem Workbook I folgende Themen, die Dich interessieren könnten:

- IA1#1   Priming (ASIN: B00LEXZ2GO)
- IA2#9   Der HALO-Effekt (ASIN: B00P8BNGFC)
- IA3#11   Effektvolle Vorurteile (ISBN: 9783734732263)
- IB1#3   Wahrnehmen (ASIN: B00LEU4C2M)
- IB2#2   Primär-Rezenz-Effekt (ASIN: B00LEU4JMK)
- IB3#4   Beliefs (ASIN: B00LEUEA2O)
- IIC1#1   Der erste Augenblick (ASIN: B00MBXWVVO)

ÜBER *GreatLife.Books*

Bücher die das Leben lebendig werden lassen

Das Leben ist ein Abenteuer. Täglich kämpfen wir in kleinen und großen Schlachten, rennen vor übermächtigen Gefahren davon, verstecken uns oder tanzen ums Feuer. Manchmal können wir vor Freude platzen oder sind zu Tode betrübt. Vielfältig sind die Herausforderungen denen wir begegnen. Auch wenn es heute keine Säbelzahntiger mehr sind, keine Dinosaurier uns mehr auf die Füße treten und man beim Spazierengehen auch keine Angst haben muss, dass ein Neandertaler mit seiner Keule aus dem Busch springt, so haben Beziehungspartner, Chefs, und Schwiegereltern, die Angst vor dem Verlust des Arbeitsplatzes, sozialer Abstieg, oder die Erwartungen an die eigenen Rollenbilder deren Platz längst erfolgreich übernommen.

In all diesen Herausforderungen suchen wir das Gleiche, wie seinerzeit unsere Vorfahren. Wir wollen überleben. Mehr noch, wir wollen unser Leben spüren, es erfahren, es erleben. Wir wollen gesund, vital und kraftvoll unserem Alltag begegnen. Wir wollen liebevolle Beziehungspartner sein, Spass an Arbeit und Beruf haben, gute Eltern, Kinder und Enkel sein. In einem Satz: wir wollen uns im Flow erleben, wir wollen unser Leben lebendig spüren und erleben.

Diesen Wunsch haben wir alle. Ob einfacher Bürger, machtvoller Politiker oder Nachbar von nebenan. Unser Leben zu verlebendigen, das ist die Aufgabe. Wo unsere Vorfahren diese Herausforderung schon mit der erfolgreichen Jagd, oder einem trockenen Platz als Unterkunft abhaken konnten, sieht das heutzutage etwas anders aus. Um unsere Grundbedürfnisse wie Nahrung oder ein Dach über dem Kopf müssen wir uns nur selten sorgen. Wir fragen heute nach unserem Platz im Leben, nach unserer Wirkmächtigkeit und Bedeutung angesichts einer immer komplexer werdenden Gesellschaft, nach unserer Chance Schöpfer zu sein, statt als Opfer zu leiden.

GreatLife.Books ist ein kleines Verlagsprojekt, das hierbei helfen will. Das Wissen über Entwicklungswege, Möglichkeiten und Verständnis gegenüber der Großartigkeit des eigenen Lebens, ist auf unserer Welt vielfältig vorhanden. Es zu finden, es ganz konkret nutzbar zu machen und als Quelle für die eigene Entwicklung, hin zu einem lebendigen, erfüllten Leben zu gestalten, dafür steht GreatLife.Books.

Mit dieser Intention wurde GreatLife.Books als Marke des „GreatLIve.Universe" 2015 gegründet. Mit Angeboten für die eigene Entwicklung in den Bereichen Körper, Gesundheit und Seele & Geist startete das Projekt.

Im Internet findest Du das stetig wachsende Universum unter den Labels: GreatLife.Books, GreatLife.Project und GreatLIfe.Events.

WORK BOOK
★★★★★

ZUM BESTSELLER

HANDBUCH MANIPULATION

BESTSELLER
amazon eBook

im Internet
www.handbuch-manipulation.de

auf Facebook
facebook.com/HandbuchManipulation

auf twitter
twitter.com/Rappmund

via Email
info@handbuch-manipulation.de